古川愛哲

JN179762

西郷隆盛の冤罪　明治維新の大誤解

講談社+α《プラスアルファ》新書

はじめに――西郷隆盛の首を刎ねたのは桐野利秋だった

西郷隆盛《さいごうたかもり》の最期をご存じだろうか。通常は次のように記述される。

一八七七（明治一〇）年九月二四日、西南戦争で敗れた西郷隆盛は、鹿児島の城山の洞窟に三五〇名余ほどで立て籠もり、払暁《ふつぎょう》、政府軍の総攻撃で最後の日を迎える。

〈弾雨の中で城山の洞窟前に整列した西郷隆盛以下は最後の突撃をした。岩崎谷を三〇〇メートルほど下ると西郷は腿を撃たれて膝まづき、別府晋介《べっぷしんすけ》に、

「晋どん（殿）、晋どん、もーここでよかろう」

と東天を拝むと別府晋介が、

「ごめんなったもんし」

と裂帛《れっぱく》の気合で白刃一閃《はくじんいっせん》。その首は西郷の従者・吉左衛門《きちざえもん》が手拭に包んで持ち去った〉

以上は一九〇八（明治四一）年発行の黒竜会篇『西南記伝』に記述されたもので、多くの史書が踏襲《とうしゅう》するが、実は真偽のほどは定かではない。確たる目撃記録もないので、後の西

郷伝の著者によっては「洞窟内で従容《しょうよう》と自刃《じじん》した」とも記す。

ところが近年、新しい目撃史料が発見されて、驚くべき西郷隆盛の終焉《しゅうえん》の事実が明らかになった。

西郷隆盛の最期を目撃したのは、西郷隆盛一党の捕虜となって行動を共にした元広島藩士の巡査で、これを元川越藩士の警視庁三等巡査・喜多平四郎《きたへいしろう》（三五歳）が聞き取り、『征西従軍日誌』として一八七九（明治一二）年に筆記した。

冒頭に、〈この書や敢《あ》えてみだりに衆庶の覧に備えず〉とあり、秘蔵されていたようだが、表紙には一八九九（明治三二）年、水戸の歴史家・内藤耻叟《ないとうちそう》の題字が付されている。一部歴史学者は知っていたようだが、黒竜会篇『西南記伝』は参考とした形跡がない。誰も『西南記伝』の叙述に異議を申し立てなかったのは不思議である。

それもそのはず広島県巡査が喜多平四郎に語った西郷の死にざまは、『西南記伝』とはかけ離れている。そこに描かれているのは勇壮かつ泰然たる西郷隆盛ではなく、生身の西郷隆盛と私学校党の終焉の模様で、二〇〇一（平成一三）年に『征西従軍日誌』（講談社学術文庫）として刊行されて世間を驚かせた。

政府軍の城山総攻撃は九月二四日の午前四時に始まる。朝まだきであり、その前夜から夜明けの西郷軍滅亡までの様子を現代語訳してみる。

捕虜の軍夫として広島県巡査は、城山の洞窟で最後の夜を迎えて――。

「（九月二三日の）夜。賊（西郷軍）もまた議論沸騰して夜半にいたる。果てしない議論なので、再度論議することを約束して眠る。すでに官軍は間近に押し寄せて射撃をしているが、洞窟は深いので、一同は敵陣の近づく声が聞こえない。熟睡中だったが、突然、数百の官軍の足音が聞こえて飛び起きる。

目覚めてみれば激しい射撃音で、全員狼狽《ろうばい》し、将校や軍夫（駕籠担《かごかつ》ぎ）などが集まることもできず、慌てて洞窟を飛び出す。辺見《へんみ》（十郎太《じゅうろうた》）と別府（晋介）は、傷を負って臥《ふ》せていたので、なんとか駕籠に乗せて出した。他は全員、弾雨のなかを徒歩で走った。みな私学校に赴《おもむ》き、そこで集合し、自決しようとしたかに見える。

しかし官軍が包囲しており、弾丸が雨のように飛び来る。私学校までわずか一丁（約一〇〇メートル）あまりの地点で、猛烈な連射で進むことができない。そのとき西郷を見ると、ゆるゆる地に跪《ひざまず》く姿勢となった。桐野《きりの》が抜刀して進み出た。

ときに空がようやく明るくなろうとする。（広島県巡査は）目を凝らして動向を注視した。従卒は地面に伏して、西郷と桐野の様子を窺《うかが》っている。白刃《しらは》を手にして進み出る桐野を見て、みなは口々に『桐公は、また例の切り込みをなすのか』と噂した。すると桐野は白刃を揮《ふる》い、西郷の首を斬り、従者に命じて隠して埋めさせた……」

西郷隆盛の介錯《かいしゃく》をしたのは別府晋介ではなく桐野利秋《としあき》で、それも背後から突然に、である。驚くべきは、その後の事態で、広島県巡査の目撃談を続ける。

突然、被弾した西郷の首を桐野利秋が斬ったのは、誰も想像しない事態だった——。

「(西郷軍の)全員が戦慄かつ驚愕し、お互いに『桐公、先生を斬った』と告げ合い、みな弾雨のなかで踵《きびす》を返して狂奔《きょうほん》しながら、洞窟へ殺到した。すると官軍は前進して、洞窟に籠もる全員を誅殺した」

いかに西郷隆盛の最期が驚天動地の出来事であり、恐慌を来《きた》したかが分かる。何ごとも従うべき「西郷先生」の首を突然、仲間の将校が刎《は》ねた……指揮者を唐突に失い、みな蜘蛛《くも》の子を散らすように狭い洞窟に舞い戻った。それを追撃する官軍兵士が連射し、洞窟内に殺到して銃剣で次々刺殺した。虐殺の修羅場《しゅらば》である。

目撃者の広島県巡査も洞窟内に逃げ込んだが、間一髪で助かった。

「官兵の銃槍(銃剣)が眼の前に迫り、もはや絶体絶命のところ、自分の悲壮な訴え(哀請)を幸い聞く者があり、部下を制して、初めて捕虜の官兵と認められて救出された」

以上が捕虜となった広島県巡査が喜多平四郎に口述したことで、「他の賊将の戦死の状はまたここに縷述《るじゅつ》せず」ともある。よほどおぞましい光景だったに違いない。思うに、別府晋介と辺見十郎太の駕籠は岩崎谷筋で銃弾によって蜂の巣となり、あげく斬殺されたのだろう。

ここまで記録したのは『征西従軍日誌』をおいて他にない。今日、西郷隆盛は勇壮に最後に突撃して倒れ、あるいは「城山」で従容として自刃したのが定番だが、現実は大混乱のなかでの死である。この書が一三〇年近く公刊されなかったことは、より信憑性《しんぴょうせい》を深める。

『征西従軍日誌』を書いた喜多平四郎巡査は負傷して入院もしたが、それでもこう書く。

〈嗚呼《ああ》惜しいかな、隆盛をしてこの挙を為《な》さしむるや。目今《もっこん》万国交際の時に当たり、国用疲弊、加うるに英俊剛傑を亡《うし》ない、自国の損害また償《つぐな》うに術《すべ》あるべからず〉

その死を取返しのつかない国の損害と嘆き、明治政府の汚点であることを記した。だからこそ明治政府は、事実を隠し続けざるを得なかったのだ。

実際、西郷隆盛の終焉の様子は時代によって異なる。

一九四一（昭和一六）年、私学校生徒だった父を持つ竹崎桜岳《たけざきおうがく》が『肚乃西郷《はらのさいごう》』を出版して、私学校党に伝わる西郷の最期を叙述した。同書は日米開戦直前に刊行されたので、陸・海軍大臣の巻頭言がズラリと並ぶ。この書によると、西郷隆盛の終焉は、要約して次のようなものである。

「城山の洞窟に九月二四日の曙光が差し掛けたとき、草牟田口《そうむたぐち》が敗れたとの報告があった。

耳にした桐野利秋は、きわめて悲壮な口調で西郷にいった。

『吉つぁん、もはやこれまででごわした。腹を切ってください。私が介錯しますから』

すると西郷は無言で静かに座を立ち、傍《かたわ》らにあった小刀を腰に打ち込み（差し）、洞窟を出て歩き出した。桐野利秋は、負傷している別府晋介を連れて西郷の背後を歩いた。二〜三丁（約二〇〇〜三〇〇メートル）も西郷について歩いた桐野は西郷の腹を察知して、『西郷は敵軍に降る。西郷を敵に渡してなるものか！』と思った矢先、城山の高台に迫った巡査隊から射撃してきた。もはやこれまでと桐野は覚悟を決めて、西郷の後ろ姿に黙礼し、涙を呑んで西郷を鉄砲で射った」

……降伏しようとする西郷を桐野利秋が射殺したことになっている。東條英機《とうじょうひでき》・陸軍大臣が全軍に示達《じたつ》した「生きて虜囚の辱《はずかしめ》を受けず」の「戦陣訓」、あたかもそれに忠実な桐野利秋の姿を描くのだ。

こちらは明らかに時局に迎合《げいごう》したような西郷像だか、西郷隆盛の実像が曖昧《あいまい》なのは、時代とともに変幻自在に捏《こ》ねくり回されたからである。

西郷の実像一つとっても明治維新は誤解だらけで、むしろ意図的に誤解させたとさえ思える。

そもそも「明治維新」なる言葉からして明治一〇年代には存在しなかった。「維新」の語は孔子《こうし》の『詩経』にあり、平安時代末期の院政期に藤原頼長《ふじわらのよりなが》が「維新」の語を日記（『台記』）に用いているが、それ以後は使われていない。

したがって「明治維新」は徳富蘇峰《とくとみそほう》が明治二〇年代に普及させたものだ。幕末の志士は「御一新《ごいっしん》」を目指したので、新政府も「大政一新」「百事御一新」と称し、一般人は「ご一新」を用いた。

「維新」の言葉は後に明治政府も使った。それを知っているから一八六七（慶応三）年生まれの江戸っ子、夏目漱石《なつめそうせき》は、「維新」の字に必ず「ごいっしん」のルビを振るほどこだわった。

「攘夷《じょうい》」に至っては水戸学の藤田東湖《ふじたとうこ》の造語で、幕末に尊皇派が用いて普及した。今日でいえば「テロ等組織犯罪処罰法・共謀罪」適用集団から一般化した新語だった。幕末に『現代用語の基礎知識』があったなら、「攘夷」は流行語大賞にノミネート確実である。

「勤皇《きんのう》」なる言葉も普及していたとは思えない。あったとしても「勤王」である。

京都の町方では長州藩の尊皇激派を、「長州さんは正成《まさしげ》さまをなさる」と噂《うわさ》した。正成とは楠木《くすのき》正成で、後醍醐《ごだいご》天皇に忠誠を誓い、足利《あしかが》幕府を倒すべく奮戦した。「勤王」の言葉は平安時代の文献にあるが、一般化していたと思うのは誤解である。一九二九（昭和四）年から発表された島崎藤村《しまざきとうそん》の『夜明け前』でも「勤王」と書かれている。

決まり文句のごとく、京の巷《ちまた》では「勤皇か佐幕か」と語られたとされるが、京都人が「カイズ藩（会津藩）」と発音したのと同じように、「キンノウかサバクかって、なんやろ？」である。

最も多く誤解されているのは、幕末の動乱は明治新政府樹立で収束したかのように思われていることだ。「維新の夜明け」とかいうが、夜が明けても対外債務は支払わなければならないし、攘夷運動の対外的責任は償わなければならない。財政的にお先真っ暗《まくら》だが、この事実は伏せられてきた。開明派幕臣の視点から見ると、「明治」は、むしろ「暗闇の時代」だった現実もある。

一口に「明治維新一五〇周年」というが、幕末・維新の歴史を国の内外の史料で見直してみると、空白の部分が多く曖昧で、それを他の史料と突き合わせると、その実態は歴史書とは大きく異なる。

もともと証拠文書の隠蔽《いんぺい》や消去は、長州藩祖の毛利元就《もうりもとなり》にはじまる。広島山中の一国人領主から中国一円の覇者となった元就の権謀術策は、常人には躊躇《ちゅうちょ》することばかりだったが、ためらいもなく実行した。

嫡男《ちゃくなん》の隆元《たかもと》をのぞく子息は、周辺の吉川《きっかわ》家と小早川《こばやかわ》家の養子に出して家臣団化を強行した。

息子の毛利隆元と吉川、小早川家当主への手紙には、それぞれ家臣の機微に触れることを書いたので、書簡が証拠になることを避けた。もとより戦国大名は機密を重んじて書簡は「読後火中火中」（燃やせ）と記したが、火中に投じず、残るのが現実だった。

毛利元就は徹底した現実主義者なので、確実に証拠を消すために、書簡は読後返却させた。

毛利元就の書状は必ず末尾に、「書状披見の後、返し給わるべく候（読んだら返してください）」と記し、すべての書状を返却・回収して、証拠を抹消した。さらに機密を要する問題は、面会しての口頭のみだった。

この事実が残ったのは、むろん毛利元就の親族重臣が元就の心境を「忖度《そんたく》」して、死後も回収した書簡を密かに保管していたからである。

この藩祖の証拠文書抹消の慎重さは、長州藩の秘策となり、幕末から明治期には、多くの重要問題に関する文書が消えている。

明治維新で美化された出来事や人物の裏には、水泡に帰した努力や、抹殺《まっさつ》された敬すべき輝きがあった。明治新政府には、知られざる部分が多く、隠蔽された結果、現在に至っても誤解されている事実は、いまに残る歴史像を一変させる。誤解させておかなければ明治新政府の正当性が失われるので、「御一新」の言葉と「明治維新」の語で世を惑わして、いまも大誤解が残るままである。

小著では、幕末・維新で世の中に秘密にされた大誤解に挑戦してみた。限られた紙面なので、一部のみを拙《つたな》い筆でつづってみた。

目次◉西郷隆盛の冤罪　明治維新の大誤解

第五章　江戸の官軍と幕府軍

終　章　西郷隆盛が生んだ医科大学

あとがき——明治の長州閥を彷彿とさせる「モリカケ問題」216

第一章　隠蔽された西郷隆盛の実像

西郷を親しく見た人の印象

西郷隆盛は実像が定かではない。余りにも有名なので分かった気になっている。そうでなければ映画やテレビに紋切り型の西郷ばかり登場するわけがない。

ここに西郷隆盛を親しく見た人がいる。熊本藩家老の長岡監物《ながおかけんもつ》の子息・米田虎雄《こめだとらお》である。父の長岡監物は、西郷が初めて出府した一八五四（安政元）年は江戸留守居で、その後も西郷との付き合いは続いた。その子息・虎雄が、西郷の実像を次のように語る。

〈今の人は知るまいが、あの上野にある銅像や世間によくある西郷の肥満した肖像は、あれは西郷が島に流されて帰った以後の風采《ふうさい》で、西郷は島へ流されるまではごく痩せぎすな人であった。背のスラリとした髪の毛のバサバサした武士で、眼ばかりはやはりギロギロと光っていた。島に流されて非常に肥満《ふと》って帰り、その後も人が心配するほど肥満ってきたが、天下のために奔走《ほんそう》している頃は、痩せたスラリとした人であった〉（佐々木克監修『大久保利通』）

これが西郷「善兵衛《ぜんべえ》」「吉兵衛《きちべえ》」などと名乗っていた安政年間の姿で、痩せぎすな西郷など映画やテレビで見たこともないが、しばし事実は「目が点」なのである。

薩摩藩《さつまはん》七七万石の藩主・島津斉彬《しまづなりあきら》の「庭方」として江戸・京都・鹿児島を東奔西走《とうほんせいそう》した

三〇歳前後の西郷は、髪の毛バサバサ、目のみギロギロの痩せ侍で、凄味さえある。付き合う相手も尊皇攘夷の大物・長岡監物や水戸の藤田東湖とか、いかにも危なそうで怖い人たちなのだが、当時の西郷はまだ、「開明派藩主の巨頭島津斉彬」のため情報収集に奔走するパシリである。

その実像は誤解だらけなので、後に「征韓論」や「西南戦争」に関して冤罪《えんざい》を着せられることになる。その性格と行動類型を知るため、西郷の人生を瞥見《べっけん》しておこう。

粗暴にしてとの悪評を得るも

その性格からして誤解されている。二七歳の西郷が九年間の郡方書役助《こおりかたかきやくたすけ》（村の年貢記録係）の経験で、過酷な薩摩農民の生活を知ると、「農政改革」を献策した。農民の辛苦《しんく》を見かねて、知恵を絞り西郷は、何度も「農政改革」を上申した多感な性格である。

これが新藩主の斉彬の目に留まる。しかし西郷の学問や行状を近習《きんじゅう》に調べさせると、「粗暴にして人の交わりよろしからず」と酷評された。西郷は役所でも敬遠されており、付き合いも悪い。同役の不正など理非曲直を正さずにはおけない潔癖な性格で、これは生涯貫かれる。

後世の定番「清濁合わせ呑む太っ腹」は虚像である。むしろ直情径行型の人で、西郷の悪評を耳にした島津斉彬は、「いまの世は評判のよい人物ほど役に立たない。郡方では無用。庭方を申し出るように」と命じて抜擢した。

それを知った西郷は感涙にむせんだ。生涯、斉彬を敬慕してやまなかった。西郷は激情家であり、それも一生続く。良くいえば義理堅い、悪くいえば執念深い。が、主君・斉彬とは、毎月四回、密室で一時間も密談するほどの信頼を得た。

斉彬の密命で単独上京する折、三歳年下の大久保利通《おおくぼとしみち》を連れて、熊本藩の長岡監物に紹介した。このとき大久保は初めて薩摩国外に出た。西郷は面倒見のよい性格なのである。

一八五八（安政五）年の主君・斉彬の死と井伊直弼《いいなおすけ》大老の出現で政局が大きく変わると、薩摩藩は累が及ぶことを避けるため、西郷に菊池源吾《きくちげんご》という変名を付け、奄美大島《あまみおおしま》に流した。それほど諸藩に顔を広げていた。

西郷の持病と写真の関係

奄美大島で西郷は「終始安危なく」と手紙で吐露《とろ》した。「泰然自若《たいぜんじじゃく》」とは程遠い心配性である。島の者に学問を教えたりもしたが、よほど時間を持て余したのか、身の廻りの世話をする島の娘・愛加那《あいかな》に二人の子どもを生ませている。ともに庶子の扱いだ。一方、愛加那は手の甲に入れ墨をした島の伝統的風習の女性で、西郷は異文化をよく理解した。これが後の朝鮮外交への姿勢とつながる。

西郷は奄美大島で、落胆からか、病に伏せがちとなり、手紙に「ブタのようになった」と書いた。ゴロゴロしていたせいか肥満体となり、加えて目がギロリの、西郷の誕生である。

この頃から日に二〇〜三〇回の下痢に悩まされる。一日五〇回の場合もあった。これは終生の持病となる。南の島の風土病、または強度のストレスを原因とする説がある（家近良樹『西郷隆盛と幕末維新の政局』より）。

この西郷の下痢の持病を考えれば、その写真がないのは無理もない。当時の写真は左右逆さまに映るので、着物も逆に着て、刀も右腰に差す。顔は白粉《おしろい》を塗ったくり、準備万端を整えてから、五分以上、不動の姿勢を取らなければならない。緊張してポーズを長時間とり続けると、ストレスで腹に違和感が生じ、腰の辺りが鳥肌立ち、便意が……とても西郷には写真撮影は生理学的に不可能である。

「殿は田舎者ゆえ失敗します」

奄美大島で三年以上も暮らした西郷は、一八六二（文久二）年に鹿児島に呼び戻された。亡君の腹違いの弟・島津久光《ひさみつ》が、幕政改革を求めて出府するという。久光の計画を聞いた西郷は、「殿は地ゴロ（地元育ちの田舎者）ゆえ出府しても失敗いたします」と直言したため、久光の心に生涯癒えないトラウマを与えた。

屈辱に久光がグッと堪えたのは、「西郷を使いこなせるのは名君のみ」というのが斉彬の口癖だったからで、怒りを呑み込み「下関《しものせき》に先行して待て」と命令を与えた。ところがその命に反し、西郷は、独断で京阪尊攘激派を鎮撫《ちんぶ》しに大坂に向かった。

これで久光がキレた。西郷は命令違反で流罪《るざい》、配流先は薩摩の南の果て沖永良部島《おきのえらぶじま》だから久光の怒りのほどがわかる。

尊攘激派の友人や知人を見捨てられず「しくじりばかり」と沖永良部から手紙にしたためた西郷は、さぞや断腸の思いで、裾《すそ》を捲《ま》くって腹を絞り続けたと思う。

沖永良部で流人暮らしを約二年もする。その間、久光は、伏見「寺田屋」で薩藩尊攘過激派を「上意討ち」し、江戸からの帰路「生麦事件《なまむぎ》」を起こし、英国艦隊の報復で鹿児島市街を丸焼けにされる。「地ゴロ」ぶりを発揮してしまった。

沖永良部の西郷は、絶海の孤島でさすがに世捨て人の心境となったが、「薩英戦争」の報で煩悩がよみがえり、「今生《こんじょう》の思いに戦争してみたかった」と悔やんだ。流罪の地にて下痢で果てるより、戦場の死が武士の本懐ではある。西郷は「尊皇攘夷」運動が吹き荒れた時期は島流しだった。

もともと開明派の斉彬に薫陶《くんとう》を受けた西郷は、攘夷派の情念は理解も共鳴もできなかったと思う。

豪放磊落とはほど遠い性格

再度呼び戻された西郷は、京都での政治工作に復帰する。一八六四（元治元）年のことで三八歳である。

京都に久しぶりに姿を見せた西郷は肥満した体を抱え、昔と変わらないのはギロリとした目だけだった。熊本藩の長岡監物は目を丸くしたにちがいない。

西郷も驚いた。京都の政情は一変し、長州藩は御所警備を解かれて、京都から追放されていた。久光に疎《うと》まれながらも西郷は、藤田東湖から学んだ「武人として終始忠義」の家臣である。亡君・斉彬への忠義で久光に仕え、「蛤《はまぐり》御門《ごもん》の変（禁門の変）」では薩摩兵を指揮して京都復権を唱える長州兵と激戦を交えた。「戦《いくさ》好き」を公言する西郷は、戦争が得意で、敵味方の戦傷死を最小限に抑えて勝利する。これが古来の戦法で、智略を尽くして消耗を最小限に抑えて敵を服従させるものだが、「禁門の変」では京都市中二万八〇〇〇戸を焼く大戦争となった。西郷には不本意な結果だったに違いない。

続く長州戦争（長州征討）では、同じ轍《てつ》を踏まぬように長州藩内の情報を綿密に収集し、穏やかな処分で長州藩の降伏を受け入れた。このときの情報収集は広範囲にわたり、神戸軍艦操練習所の幕臣・勝海舟《かつかいしゅう》にまで意見を求めた。

するると海舟は、例のべらんめえ調で、「幕府の硬直はもう、どうにもならん。正論を唱える者は次々と更迭《こうてつ》される」と、内情を西郷にぶち撒《ま》けた。その口からポンポンと飛び出したのは、海舟を取り立てた旗本・大久保忠寛《おおくぼただひろ》（一翁《いちおう》）の「大政奉還《たいせいほうかん》」を含む「大開国論」の開陳である。それを要約すれば以下のようになる。

「朝廷に日本の現状を説明して、それでも攘夷というならば、幕府は政権を朝廷に返上する。朝廷を中心として諸侯も一つとなる大・小公議会を開けば良い。大公議会は諸大名が全員参加し、小公議会は諸藩の有志や優秀な者をどしどし出して、衆論に基づき国是《こくぜ》を決定、さっさと開国に向うべし。そのために徳川家《とくがわ》は祖先旧領の駿河《するが》・三河《みかわ》・遠州《えんしゅう》の一大名になってもかまわない。このままでは徳川家は潰れる」

これを「大政奉還」の六年前、一八六二（文久二）年に、大目付・大久保忠寛は江戸城大広間で唱えた。この説に西郷は目からウロコで、幕臣の海舟と大久保忠寛に満幅の信頼をおくようになる。

反対に、一橋慶喜《ひとつばしよしのぶ》を憎んだ。理由は武田耕雲斎《たけだこううんさい》以下の水戸天狗党《みとてんぐとう》、三五二人を斬首した非情さを嫌ったのだ。かつて将軍継嗣《けいし》として慶喜を擁立する運動をしていた西郷は、水戸藩の若年寄・武田耕雲斎の慶喜への忠義を知るだけに、許せない。背信者と断じた。

第一五代将軍・徳川慶喜が誕生するや、西郷は討幕活動を始める。豪放磊落《ごうほうらいらく》とはほど遠く、好き嫌いの激しい性格である。

手段を選ばぬ謀略活動

一八六六（慶応二）年の暮れに西郷は、江戸の薩摩藩邸から奥女中と藩士などを引き揚げさせた。翌年、江戸藩邸は、留守居を一人置く空き家とした。これに島津久光は不満だったが、いまや西郷は側役《そばやく》だから、将来を見据えて強引に説得した。

江戸の薩摩藩邸の家具調度品はすべて鹿児島に運び、留守居のみに。そこへ関東草莽《そうもう》の臣を集め、江戸を荒らす「御用盗」の屯所《とんしょ》とした。西郷は、薩摩藩邸を、火付・強盗の巣窟《そうくつ》としたのだ。江戸の治安攪乱《かくらん》と幕府への挑発である。

これは、島津久光の側近で島津家歴史編纂員の市来四郎《いちきしろう》が、一八九三（明治二六）年『史談会速記録』で、概略、以下のように証言している。

「（薩摩藩は）討幕の詔《みことのり》を慶応三年の一〇月一三日、京都において毛利家とともに密奉しております。そこまで運んでおりますが、幕府を討つ名義がないので、西郷・大久保等は名義に苦しんだそうです。討幕の名目がなければいけないので、一月の半ば頃であったといいますが、西郷が木屋に益満《ますみつ》を呼んで、『お前、江戸に行ってくれ、お前は同志の仲間も多いから、江戸に出て、浪士等と混ぜ返して来い。そうすれば必ず兵を向けるであろう。そのときは出たり隠れたりして充分に混ぜ返してくれ。その挙句に抵抗して来い』と申し聞かせたそうです。

益満は得意のことであるから喜んで引き受け、伊牟田《いむた》等をつれて江戸に出て、浪士を集めました。そのとき西郷がいうには、『長州人は気が利《き》いているから、こういうことには先に手は出さぬ。お前一手に任すから、伊牟田を連れて行け』と申したそうです」

益満休之助《きゅうのすけ》は江戸詰が長い薩摩藩士で、都会的で隠密活動に最適な人物である。薩摩邸焼き討ちの江戸大捜索で逮捕されたが、勝海舟が幽閉《ゆうへい》し、後に江戸城明け渡しの際、撃剣仲間の幕臣・山岡鉄舟《やまおかてっしゅう》を西郷のもとへ案内した。

伊牟田尚平《しょうへい》は薩摩の郷士で、一八六〇（万延元）年一二月の米国公使館通弁ヒュースケン暗殺犯の一人。テロと治安攪乱の名人で、一八六七（慶応三）年の「御札降り＝ええじゃないか」騒動の仕掛け人ともいう。なぜか翌年二月、京都二本松の薩摩藩邸に呼び出され、自刃させられた。

西郷の謀略活動は手段を選ばない。物騒で過激な連中を自由自在に使い捨てる。薩邸浪士の一人、平田派国学者・落合直亮《おちあいなおあき》の『史談会速記録』に怨み節がある。

〈（薩藩）邸内の用に立つものは悉皆国許《しっかいくにもと》に運送されて、運べない庭木・庭石等も売り払う。そこまでした西郷氏の目的は、真の廃物利用で、廃物人を集めて、旧幕府に治安妨害を与えて、ただ戦端を開くべき用に立てるのみの目的でありました。しかし集まった者は、皆ひとかどの国家の用に立つ精神の者で、こういう所へ参った以上は出る事もならず〉

関東草莽の臣は大藩の後ろ楯《だて》がなく、引くに引かれぬ廃物と西郷は見なした。その廃物を粗大ゴミ化した薩摩藩邸に不法投棄し、テロ事件を連発させて、新秩序へとリサイクルしたのだ。明治の「御一新」政府は、関東草莽の臣を廃物利用したリサイクル国家である。

西郷は深慮遠謀の者であり、「鳥羽《とば》・伏見《ふしみ》の戦い」と「戊辰《ぼしん》戦争」の仕掛け人となる。新政府樹立の最大の功労者とは、江戸幕府に大政奉還させて権力の古道具と見なし、幕府を怒らせて、燃えるゴミ権力を処分する討幕の「名義」を作った戦争犯罪者でもある。「テロ等準備罪」「共謀罪」の主犯なのだが、共謀した長州藩は直接手を下さない。ここが「ごわす」（鹿児島）と「こったなぁ」（長州）の違いである。

庄内藩家老を激怒させて

西郷の命じた江戸攪乱の実態に触れておく。

江戸はつとに一八六七（慶応三）年一一月末から悪質な集団武装強盗や放火が絶えず、犯人を追跡すると、必ず三田《みた》の薩摩藩邸に逃げ込む。その数、約五〇〇人、強奪した金品二〇万両以上にのぼる。

江戸の治安維持に動員された庄内《しょうない》藩一七万石当主・酒井左衛門尉忠篤《さかいさえもんのじょうただずみ》は、五組二五〇名をもって市中を巡回警備したが、その手口の悪質さに手を焼いた。揃いの法被《はっぴ》を着た集団が豪商の家を襲い、警備の庄内藩士に六連発の拳銃を突きつけて、みな歯嚙みするなか逃走していった。一二月二三日には江戸城二の丸が炎上したが、益満休之助が潜入し、当時渡来したばかりのマッチで蒲団の下の炭団《たどん》に点火したのだった。これは公然の秘密である。

同じ日、三田の庄内藩屯所に浪士が発砲し、通行人が流れ弾で死んだ。すぐさま庄内藩士は追跡したが薩摩屋敷に逃げ込んだ。薩邸に潜入した会津《あいづ》藩士の情報では、「明後二六日、薩摩の軍艦が二〇万両を積んで出帆する」ともあり、切歯扼腕《せっしやくわん》していた庄内藩家老・松平《まつだいら》権十郎《ごんじゅうろう》は、江戸城に乗り込み、老中・若年寄に告げた。

「薩藩邸に犯人の引き渡しを求め、拒んだら討ち入る」

ところが老中らは及び腰なので、権十郎は膝を進め、凄い剣幕で詰め寄った。

「会津藩の探索をはじめ確証もあり、少しの猶予《ゆうよ》もできない。これをお止めになるなら市中御取締りの命も詮なきことゆえ、藩士一同斬り込みつかまつる」

こうして老中からの「特別に免許」を得る。すると松平権十郎はハタと冷静になった。

「しからば、弊藩だけで攻撃すると、屯所を襲撃された意趣返しの私戦といわれかねないので、ぜひとも公務とするため他藩兵も討伐勢力に加えていただきたい」

そう慎重に要求を申し出たので、これも幕府は承諾した。私戦ではなく警察活動で薩邸に武力発動する「名義」を立てたのだ。その夜のうちに慌ただしく諸藩が動員された。

薩摩藩邸焼討から鳥羽・伏見へ

明けて一八六七（慶応三）年一二月二五日。早朝の午前六時に薩摩藩邸は包囲された。庄内藩六〇〇名が主力で、出羽上山藩《でわかみのやま》松平伊豆守《まつだいらいずのかみ》ら六〇〇名弱、越前鯖江藩《えちぜんさばえ》間部下総守《まなべしもうさのかみ》は五〇～六〇名、武蔵岩槻藩《むさしいわつき》大岡主膳《おおおかしゅぜん》が五〇名内外、合計四藩一二〇〇名前後の兵による。

まず庄内藩の安倍藤蔵《あべとうぞう》が、革靴に洋服の軍装で、薩摩藩邸に入る。慶応三年も末になると士官は洋装である。安倍は薩邸留守居の篠崎彦十郎《しのざきひこじゅうろう》に、「浪士を引き渡せ」と要求したが、「知らぬ存ぜぬ」のいつもの答え。談判決裂した安倍は、険しい表情で通用門から出た。

それを追って、留守居の篠崎も門外へ出た。すると庄内藩兵の人垣には、いつになく殺気が充満している。篠崎が困惑したそのとき、槍《やり》の一突きで討ち取られた。

この交渉を、薩邸浪士も、銃を構え固唾《かたず》を呑んで見ていた。どよめきと鬨《とき》の声で双方ほぼ同時に発砲し、通用門前は凄まじい銃撃戦となった。

庄内藩の砲撃で薩摩藩邸の表門が吹き飛ぶ。濛々《もうもう》たる煙のなかから浪士二四～二五名が斬って出たが、榴散弾の砲撃で薙《な》ぎ倒された。相次ぐ砲撃で、薩摩藩邸の火薬庫は轟音《ごうおん》を立てて爆発炎上。立ち上る黒煙のなかに突入する上山藩兵と白兵戦となり、庄内藩兵が品川方面へ逃げ道を開けたので、どっと浪士は逃げ出した。

品川沖の薩摩軍艦を目指す浪士たちは道々、民家に放火し、消火する住人を抜刀して脅すので、火は消えない。翌日まで燃える大火災となった。このとき死んだ浪士は四九名。くそ真面目に突入した上山藩は九名の死者を出した。

事件の報告が大坂城の将軍・徳川慶喜の下へ届き、いきり立った幕府軍は「討薩の表」を掲げて京都へ上る。もはや大政奉還しているので、朝廷の藩屏・薩摩藩への攻撃は反乱行為（朝敵）と見なされた。幕府軍は、鳥羽と伏見で薩摩軍に「待ってました」とばかり進撃を阻まれた。兵力こそ多いが銃に弾丸を装塡していなかった幕府軍は、薩摩軍の砲撃と腹背からの長州軍の銃撃を浴び壊乱、撤退する。

このとき薩摩軍の陣営に錦旗《きんき》が翻《ひるがえ》ったが、幕府軍の誰も目撃していない。また見たとしても、意味は不明だった。武力で京へ迫った幕府へ「討幕の名義」は立ち、「勅命」で江戸幕府は賊となる——西郷の目論見通りに事は運んだ。維新最大の功臣と呼ばれる理由は、まさにここにある。

西郷の書簡と行動の落差

鳥羽・伏見の戦いのあと江戸へ侵攻する東征軍総督府参謀・西郷隆盛の書簡と行動は、人物を理解するうえで重要である。江戸で恭順する将軍・徳川慶喜については、その激烈な闘争心を、大久保利通に向けて書いている。

「慶喜退隠の嘆願、はなはだもって不届千万《ふとどきせんばん》、ぜひ切腹させなければなりません。必ず越土（越前・松平春嶽《まつだいらしゅんがく》、土佐・山内容堂《やまのうちようどう》）などより寛容論が起こるかもしれません。そうなれば静寛院《せいかんいん》（和宮《かずのみや》）と申しても、やはり賊の一味となりて、退隠ぐらいで済むとお思いなれば、致し方なく断然追討いたしたき事」

また、東海道の三島宿で徳川側の責任者の名前を知るや、京都の吉井友実《よしいともざね》あてに書簡を発した。

「賊軍には智将もあり、大久保（一翁）も勝も参政に出仕したとのことで、決して油断はできません。敵方の智勇の将を相手に戦《いくさ》をするのは、合戦中の楽しみの一つです」

まさに智略を尽くし激戦に及ぶ勢いで、筆を走らせた。現実は益満休之助と幕臣の山岡鉄舟が駆け付けて、薩摩藩邸で徳川家代表の大久保一翁と勝海舟との会談となる。そのとき「几帳面《きちょうめん》」な西郷は、陪臣として直参《じきさん》旗本の勝を上座に据え、丁寧な挨拶から始めた。これは海舟の回想にある。

勝海舟は継 裃《つぎがみしも》と役人姿なので、西郷もまた軍服もしくは継裃で頭も髷《まげ》を付けていた。恐らく戦陣用の、短く髪を切った髷である。勝海舟と会談の場面で西郷の坊主頭の図像がまかり通るのは間違いである。

会談を重ねた結果、「慶喜は水戸で謹慎」「江戸は開城」と穏当な処分に終えた。すると西郷は、書簡とはまったく異なる行動をとったことになる。目的達成のためには手紙の文面を書き分ける深慮遠謀の人なのである。書簡だけで本心を探れない理由がここにある。

いずれにしろ、敵地に飛び込んで誠意をもって穏やかに事を収める――これが西郷の行動パターンである。

西郷隆盛が坊主頭になった日

江戸城を攻撃することについて、もともと西郷は悩んでいた。大奥には、薩摩からお輿入《こしい》れした天璋院《てんしょういん》（篤姫《あつひめ》）もいる。お輿入れの準備には、西郷も奔走したものだ。東征軍参謀で東海道を江戸に向かっているとき、大奥の天璋院から密かに長文の手紙を受け取った。そこには「そなたより他に頼れる者もなく」と綴られており、西郷は感涙《かんるい》にむせんだ。

江戸城攻撃をすれば、大奥の天璋院にまで不慮の事態が及ぶかもしれない。それは西郷の個人的感傷だから手紙には書けない。が、軍資金不足もあり、英国公使パークスの猛烈な反対は、渡りに船となった。そもそも西郷は江戸城攻撃を避けたかった。

後に上野の彰義隊《しょうぎたい》を蹴散らした直後、寛永寺炎上に激怒した天璋院から、「寛永寺の勅額《ちょくがく》を壊すとは『朝敵』なり。西郷にしても同罪！」と手紙で大目玉を喰わされた。西郷は首をすくめたと思う。

加えて大村益次郎《おおむらますじろう》が西郷の東北進撃を拒否したので、いったん鹿児島へ帰国する。そうして故郷薩摩の日当山《ひなたやま》温泉で休養した西郷だが、このとき帰郷届けを島津久光に出さなかったので、またも久光の不興を買う。

保養後、西郷は再び兵隊を引き連れて船で越後柏崎《えちごかしわざき》に上陸し、奥羽《おうう》の戦線に復帰するが、すでに北越《ほくえつ》戦争は終わっていた。その追撃戦を指揮した弟の吉二郎《きちじろう》が戦死したことを知り、西郷は号泣した。

この吉二郎の死を不憫《ふびん》に思い、西郷は剃髪《ていはつ》した。西郷の坊主頭の誕生である。この剃髪も「無断剃髪」として久光を激怒させた。

ここで明確に記しておく。西郷が坊主頭になったのは、北越戦争の後である。一八六八（明治元）年八月以降で、伝記を読めば分かることが、なぜか映画でもテレビでも、時代考証で無視している。

なぜ勝海舟は口裏を合わせたのか

以上が「明治維新最大の功臣」西郷隆盛の概略である。維新の最大の功績とは、江戸の薩摩藩邸を浪士の拠点として提供し、江戸の治安を攪乱するテロ行為で幕府を挑発したことにある。今日ならば犯罪である。

そして、幕府が薩摩の暴挙を取り締まろうと武力で迫ると、「討幕の名義」とした。謀略家・西郷の側面は、既述のように、一八九三（明治二六）年に市来四郎が詳細に語ったが、その後は消された。集団強盗の拠点を西郷と薩摩藩が作ったというのでは、明治政府の正当性に汚点を残す。

薩邸焼討事件については、一八九八（明治三一）年に月刊誌『旧幕府』の取材に答えた旧薩摩藩の某将軍が以下のように全面否定し、口を拭《ぬぐ》う。

〈(強盗などと苦笑を洩らされつつ) 邸内には浪人者が居たのです。藩士ではない。藩を脱籍した益満のような者が少し居たので、他は方々の浪人です。金銀を運んだというのは、位《い》牌《はい》や仏具など立派な御品を積み込んだのを誤解したのでしょう。また逃げ出すために薩摩の軍艦が沖に居たように書いてあるが、左様ではない。一二月二六日の朝には積み終わりしゆえ、出帆する予定であったのだ〉

草莽の臣を浪人者と見下す大藩のエゴイズム丸出しである。上野の戦争で戦死した益満休之助を脱籍者だとまで放言し、盗金二〇万両の輸送、強盗、殺人、放火、その他すべてを認めない。薩摩閥が頰被《ほおかぶ》りしたいのは理解できるが、西郷をよく知る旧幕臣の勝海舟すら、口裏を合わせた。一連の物騒な事件の隠蔽《いんぺい》方針が分かる。

これら一連のことは、その五年前の『史談会速記録』がなければ歴史の闇に消えていた。深慮遠謀かつ冷徹な戦略家の顔を西郷は持つのだが、薩摩閥や友人の勝海舟も「愛すべき西郷さん」の印象を作るため、一八九八（明治三一）年になって急に口裏を合わせたのだ。江戸を荒らし、三田界隈を火の海にした西郷の謀略家の実像を一斉に隠蔽したのはなぜか。理由は明治三一年だからである。上野の西郷隆盛銅像完成の年に当たる。

銅像は軍服姿のはずだったが

一八九八（明治三一）年は西郷隆盛の銅像が上野で盛大に披露された年である。西郷隆盛銅像建設委員会（樺山資紀《かばやますけのり》委員長ほか旧薩藩系有志）の依頼で、日本初の銅像として、高村光雲《たかむらこううん》が一八九三（明治二六）年から製作を開始した。同じ年、市来四郎が『史談会速記録』で、前出の薩藩邸に浪士を集めて西郷が討幕の「名義」を作り出した事実を語った。歴代藩主側近の市来は、西郷銅像建設委員会への反発があったのかもしれない。

銅像は原型が一度完成している。高村光雲は仏師だから、木彫で原型を造り上げた。その原型こそ、陸軍大将の軍服姿でサーベルを吊るした西郷隆盛像だった。

光雲が肖像画と当時の軍服を揃え、考証に苦心惨憺《さんたん》した陸軍大将・西郷隆盛の原型を見て、銅像建設委員会が青くなった。

「その銅像の製作は、少し待ってくれ」

突然、製作中止を命じた。当初、西郷像は皇居前に建てる予定だったが、長州藩閥の苦情で一転、上野に決まった。それで原型を作ると、またも苦情である。銅像建設委員会によるとこうなる。

〈西郷は維新の功臣筆頭で陸軍大将は事実だが、明治政府に「尋問の廉《かど》（事柄）あり」と挙兵して「西南戦争」で政府軍と戦って死んだ。「維新の元勲《げんくん》、明治の賊臣」なので陸軍大将の軍装ではまずい〉（五代夏夫『薩摩的こぼれ話』より要約）

銅像建設委員会と高村光雲が額を寄せ合って検討した結果、決まったのは、西郷隆盛が桜島犬を連れて趣味のウサギ狩りをする姿だった。

ウサギ狩りは西郷の密かな娯楽で、吹上《ふきあげ》温泉（日置《ひおき》市）や日当山温泉（霧島《きりしま》市）、大隅《おおすみ》半島周辺で楽しんだ。友人だけが知っている。イト夫人は目にしたこともない姿で、これが現在の上野公園の西郷隆盛銅像である。

「主人はこんな人じゃなかった」

除幕式には二〇年前に西郷を滅ぼしたお歴々が出席したが、西郷隆盛の未亡人イトも招かれた。夫の仇敵に囲まれた気分は穏やかではなかったのではあるまいか。

式ではお定まりの勝海舟の「江戸無血開城」の話があり、銅像の幕が引かれて、一二月の冬空を背景に、西郷隆盛の像が姿を現した。それを見たイト未亡人は、左右前後の人々に首を伸ばして苦言を呈した。

「宿《やど》んしは、こげんなお人じゃなかったこてえ（主人はこんな人じゃなかったよ）」

慌《あわ》てて「そげなこつなか」と西郷従道《つぐみち》あたりが制したのだろうが、式典に小さな波紋を生んだ。しかしイト夫人は、「亡夫・西郷隆盛は几帳面で誰に会うときでも袴《はかま》を着けて、こんな姿で人前に出ることはなかった」と抗議した。

これは逸話《いつわ》では済まない重大なことである。几帳面な西郷の性格が歪《ゆが》められたことを意味するからだ。あの上野の銅像は夫人も知らない、密かな私的遊びの姿を白日に晒《さら》すスキャンダラスな銅像なのである。

今日に至るまで結髪した裃袴姿の西郷の画像など目にしたことがないし、陸軍大将姿の画像も少ない。愛すべき私人、西郷さんの姿ばかりである。

これが明治政府の狙いだった。討幕の首魁《しゅかい》、新政府の殺した陸軍大将・西郷隆盛の実像は、明治政府によって曖昧模糊《あいまいもこ》たるものにされた。

西郷隆盛の実像消去は新政府の仕業《しわざ》であった。書簡以外に記録もなくなった。そのため西郷隆盛の冤罪さえ捏造《ねつぞう》される。「征韓論（明治六年の政変）」と「西南戦争」である。

藩主と上士と三つ巴の確執

西郷が隆盛を名乗るのは、明治維新後である。それ以前は吉之助《きちのすけ》を名乗った。

西郷吉之助は、箱館《はこだて》まで足を延ばして戊辰戦争が終わると、鹿児島に帰郷した。一八六九（明治二）年の五月以降に西郷隆盛と名乗る。

戦後、西郷隆盛は新政府に出仕しなかった。「なぜか？」との問いがない。鹿児島で温泉三昧《ざんまい》、下痢三昧でぐったり程度で見逃している。

西郷は新政府に失望かつ落胆していた。奥羽鎮撫を太政官《だじょうかん》の意を受けた長州の大村益次郎に禁じられたからである。そのため奥羽に不要な流血惨事をもたらした。

幕末京都で仙台藩士と交際があり、「禁門の変」では会津藩を友軍として戦った。奥羽には太い人脈がある。

朝敵の徳川家から処刑者を出さなかったからには、その命令に従った会津藩を処罰する

「名義」もなかった。

西郷の腹積《はらづも》りでは、仙台藩を説けば、会津の恭順は可能と考えていた。それを太政官は、徳川家から処罰者を出さなかった西郷は甘いとして降格した。のみならず奥羽を流血の地にし、会津藩から処刑者を出し、仙台藩家老・但木土佐《ただきとさ》と軍事奉行の坂英力《さかえいりき》を一八六九（明治二）年東京で斬首に処した。あまりの過酷さに嫌気が差した西郷は、鹿児島で隠居を決めこんだ。

ところが鹿児島城下には不満が渦巻いていた。帰還兵の中士や下士たちは意気軒昂で、従軍しなかった門閥上士を睥睨《へいげい》した。負傷した下士は生活の道もない。これら不平不満を抑えられるのは西郷隆盛だけで、藩知事の島津忠義《ただよし》に乞われて薩摩藩大参事となる。

すると西郷は、門閥と上士に藩政からの引退を求めた。兵士の処遇を改善し、下士を藩政の要所に配した。この改革がまた、「地ゴロ」のトラウマを持つ久光の逆鱗に触れ、門閥上士と久光との、三《み》つ巴《どもえ》の確執が始まる。

新政府は、税収もままならないにもかかわらず、功労者に賞典禄を出した。恩給である。薩摩では西郷隆盛二〇〇〇石、大久保利通一八〇〇石、大山綱良《おおやまつなよし》八〇〇石、桐野利秋二〇〇石。この合計四八〇〇石を投入して、西郷は鹿児島に「賞典学校」を作った。士官学校と幼年学校である。

西郷は武人だから政治や行政は苦手だが、亡君・斉彬の故知に倣《なら》い、薩摩領内で武器生産まで自前でできるようにした。西郷もまた政治とは亡主・斉彬とその盟友・老中阿部伊勢守《あべいせのかみ》の夢を実現することぐらいしか思い付かなかったとみえる。

庄内藩の誤解が生んだ西郷語録

その頃、庄内藩の犬塚盛巍《いぬづかもりたか》が鹿児島を訪れ、西郷をはじめ主立った者四〇名に面会した。その談話記録を旧庄内藩主酒井忠篤に報告した。さらに兵学実習のため、庄内藩士七十余名を鹿児島に送り込んだ。

江戸の薩摩屋敷を焼討した庄内藩は、京都守護職の会津藩と同じく「朝敵」とされたが、奥羽列藩同盟で連戦連勝したため厳しい処分を覚悟していた。それが官軍の黒田清隆《くろだきよたか》が西郷の意向で、穏やかな条件下、恭順を許された。これを庄内藩は「西郷の徳」としたが、江戸の家老・松平権十郎の「名義を立てる」慎重さのおかげである。

庄内藩は松平権十郎の「石橋を叩いて渡る」申し出で、幕命として諸藩とともに薩摩藩邸を攻撃した。「名義」を重視する西郷は、庄内藩を厳罰に処せるわけがない。西郷の徳として崇めたのは庄内藩の誤解である。

このときの聞き取りを、明治になって旧庄内藩は『南洲翁遺訓《なんしゅうおういくん》』と題して出版したが、この遺訓が西郷隆盛の虚像を膨張させた部分がある。

そこで語った西郷の言葉は、戦争体験者特有の悔恨も窺える。実戦に次ぐ実戦で弟と多くの部下を失い、戦争の犠牲の大きさを嚙《か》みしめていた。現に鹿児島で、戦傷を負った部下の兵士たちの処遇に苦しんでいる。そこから維新の犠牲をも顧みず大名屋敷に暮らす新政府の顕官たちを「どろぼう」とまで痛罵《つうば》した。

西郷は政府に出仕しない理由を「泥棒の仲間入りする恥辱」とまで、庄内藩の犬塚盛巍への書簡にしたためた。西郷自ら画策した討幕戦の結果は、理想とはほど遠く、太政官と長州藩によって奥州から箱館まで血に染める結果となった。朝廷政府による国論統一が目的だったにすぎない。大政奉還は実現したが、大・小公議会も開かれない。ひたすら権力を貪《むさぼ》る政府を嫌悪《けんお》した。

これは「明治六年の政変」や「西南戦争」での行動に大きな影響を与えたと思える。

第二章　征韓論の冤罪

朝鮮討伐は新政府の計画だった

維新政府の太政官（内閣制度が成立する前の明治政府最高官庁）の外務省は頭を抱えていた。早くも一八六八（明治元／慶応四）年、対馬《つしま》藩の家老を釜山《プサン》の草梁《そうりょう》倭館《わかん》に送り、日本の政体変更を朝鮮王朝に告げたが、その書簡が朝鮮王朝の大院君を激怒させたからだ。大院君は新政府を「洋賊」と決めつけたため、国交断絶状態になった。

対馬藩の使節を送り込んだのは長州藩の木戸孝允《きどたかよし》で、維新早々に朝鮮王朝へ使節を送った理由を後年、日記で次のように記す。

〈朝鮮の国情を察するに、彼（朝鮮）頑固にして容易に承諾すると思われず、さりとて、今日の機会失すべからず、また、前途を慮《おもんぱか》るに今日端（戦端）を開き置かないときはまた、得べからずものありと〉（『木戸孝允日記』一八七二〈明治五〉年七月二九日）

日本は、新政府樹立の勢いで朝鮮を武力開国し、従属させる気だった。この朝鮮侵出は木戸孝允の発案ではなく、吉田松陰《よしだしょういん》の教えで、長州系攘夷派に共通する。長州藩と姻戚《いんせき》関係の対馬藩や諸藩の尊攘激派も広く共有する思想となった。『日本書紀』の神話を歴史的事実と考える公家官人や「国学」に由来する思想で、「神功皇后《じんぐうこうごう》の三韓征伐」をもって古代日本の再現、王政復古の完了と信じていた。維新とは王政復古で、神話的世界の再現なのである。

戊辰戦争で弾丸の下を潜り、北陸の戦線まで赴《おもむ》いて指揮した西郷は、木戸孝允が朝鮮派兵を現実化するとは呆れ果てた。

実戦の過酷さを経験しない「逃げの小五郎《こごろう》」こと木戸孝允の政治家らしい発想で、鹿児島の戦後再建に苦労する西郷には許しがたい論理である。

武力征服の正当性は『日本書紀』

一八六九（明治二）年、旧久留米《くるめ》藩の佐田白茅《さだはくぼう》が「朝鮮交際私議」を太政官に建白《けんぱく》すると、すぐに佐田は外務省に採用され、判任官で出仕した。判任官とは、各省大臣が任命する属官（下級官吏）を指す。外務卿の岩倉具視《いわくらともみ》が佐田白茅の説に飛びついた。

翌年正月、外務省は佐田白茅と森山茂《もりやましげる》の両人を、対馬藩吏の名義で釜山を視察させた。対馬藩のみ釜山の草梁倭館で朝鮮貿易が許されていたからである。

釜山の草梁倭館は朝鮮王朝が対馬藩に提供した貿易・外交施設で、その敷地は一〇万坪もあった。一〇キロ四方の広大な敷地だが、朝鮮側から見ると長崎出島のごとき存在で、日本人は草梁倭館より外へは、一歩も出ることができない。

維新政府の佐田と森山も二四日間の視察では草梁倭館内をうろつくだけ……要領を得ない

まま帰国した。にもかかわらず佐田白茅は「朝鮮国交際始末内探書」を上申した。一八七〇（明治三）年四月のことで、そこには大略、次のようにある。

「朝鮮国へ（使節）派遣の場合は、護衛する兵隊の帯同が必要である。維新の勢いに乗じて、速やかに朝鮮を手に入れるべし。三〇大隊もあれば事足りる」

……三〇大隊の根拠は江戸の学者・佐藤信淵《さとうのぶひろ》の説で、何の裏付けもない。武力征服の正当性は『日本書紀』の「三韓征伐」を引いて、「朝鮮はもともと朝貢の義務ある国」と神話を持ち出したあげく、「江戸時代の朝鮮通信使は属国だった証拠だ」と説く。すべて誤解に基づく国学者流の暴論だが、なぜか一般に流布して大評判となった。

佐田は久留米藩士だが、長州に赴き、その地で都落ちした三条実美《さんじょうさねとみ》にも拝謁《はいえつ》していた。長州系尊攘激派の人間で、朝鮮征討論を全国に広げた人物である。

世間は佐田の「朝鮮征伐せよ」の論に沸騰した。すると衝撃的な事件が発生する。

朝鮮征討論を弾劾して切腹した男

維新政府の機関に集議院があった。長官は大原重徳《おおはらしげとみ》で、議員は府藩県の正《せい》・権《ごん》大参事から選ばれ、政府の諮問《しもん》に答える。しかし、集議院の諮問を無視して公布される法律が多いので、今日の議会とは異なる。

その集議院の門番は、一八七〇（明治三）年の夏の朝、出勤して思わず息を飲んだ。門前が血溜まりとなり、切腹して伏した若者がいた。抱き起こすとまだ息があり、気息えんえんの口から「……奉書を」と声を絞り、うつろに視線を投げる。

見れば集議院の門扉には、竹に挟んだ建白書が二通ある。すぐに建白書は政府に届けられた。それを告げると若者は瞑目《めいもく》した。遺書には、「政体日々紛乱し、小子など幾百遍献白しても必ず用いられない。ゆえに身を尽くして」と、切腹の理由が記されている。命と引き換えの建白だったのだ。

名は鹿児島藩士族、横山正太郎安武《よこやましょうたろうやすたけ》とある。その名は薩摩藩の若手エリートで、政府は顔色を失った。建白書には概略、以下のように書かれていた。

「政府高官は堕落し、驕《おご》り昂《たか》ぶり、国民の辛苦を顧みない」「官僚は名声と利益を考えるのみ」「国民は諸政策が信用できないので、自分で解釈するしかない」「税金を上げ献金を強要し、人情を理解していない」「世渡り巧者が出世し、世の中打算ずくめである」「仕事と称し酒宴に走り、信義を重んじることもない」「無用な部署を作り税金の無駄使いをする」「外国および外国人に理解がなく、外交の知識もない」「無能者を引き立て有益な者を咎《とが》める、これは岩倉具視や徳大寺実則《とくだいじさねつね》の意向か」――ずばり、太政官（政府）と高官を名指しで痛罵している。

もう一通の建白書では朝鮮問題に触れ、以下のような歯に衣《きぬ》着せぬ意見を記した。

「万民疑《うたが》いを抱き、方向に迷う。朝鮮を小国と見て侮《あなど》り、みだりに師（戦）を興《おこ》し、万一蹉跌《さてつ》（失敗）あれば天下の億兆なんといわん。佐田某《なにがし》の主張は自己を偽り、さらに世を騙《だま》すものなり。政治を遊戯と思う危険思想以外の何ものでもない」

佐田白茅風の「朝鮮征討論」を弾劾して、過熱する朝鮮派兵論を阻止すべく死んだ。死諌《しかん》に驚愕した政府は、横山安武の遺族に祭祀料一〇〇両を届けた。異例な対応である。

征韓論者ではない明白な行動

太政官（政府）内で横山安武は知られた人である。薩摩藩英国留学生だった森有礼《もりありのり》の兄で、横山家に養子に迎えられた。明治元年の薩摩藩貢士（藩の選良）である。

島津久光の側近でもあり、山口の奇兵隊騒動を報告するため無断帰国し、久光の勘気を蒙《こうむ》った。そのため再び学問のため京に至り、その後上京、一八七〇（明治三）年七月二七日、建白をしたためると、夜明け前の集議院門前（現・大手町《おおてまち》）で切腹。幼児二人を残し、二八歳で死んだ。

弟の森有礼は公議所議長代理だったが、「廃刀令」を提案したので下野させられ、公議所も廃止された。代わりに集議院を設置したのだが、その集議院の門前で、兄の横山安武は憤《ふん》怒《ぬ》充満の腹を掻《か》きっ切り、血潮とともに太政官批判をぶち撒いたのである。

大久保利通は横山安武の自刃で、即座に鹿児島の西郷隆盛のことが頭をよぎった。帰郷した横山が西郷と会わないはずがない。横山の痛烈な政治批判と朝鮮出兵批判、その政府酷評と西郷の意志との関係が気になった。

事実、鹿児島で西郷は、横山安武切腹の報に衝撃を受け、かつ武人として感服した。後に西郷は横山安武の慰霊碑《いれいひ》に揮毫《きごう》し、その死を惜しみ、詳細な人物像と履歴を丁寧な長文で綴《つづ》った。そして文末は、「安武の諫死《かんし》、空論となすなかれ」と結んだ（明治五年の休暇帰国中）。全面的に西郷は横山安武へ共感していた。

大久保の恐れは的中した。横山安武切腹事件の翌々九月、在京の薩摩藩兵は帰郷したが、西郷は交代の兵を送らなかった。西郷自身、「今度、兵隊引揚切りに致したく」「兵隊引揚の儀、恐れながら廟堂《びょうどう》今日に至り、最早あい窮《きわ》まり候《そうろう》御模様なり」と発言している（猪飼隆明『西郷隆盛』）。

この事態で東京では憶測が渦巻き、噂が流れ飛んだ。土佐の佐々木高行《ささきたかゆき》は、「西郷が大兵を率いて上京し、政府を一洗する」（『保古飛呂比《ほごひろい》』）との風説を九月末の日記に記し、「薩を討つべし」とまで書いている。横山に名指しされた岩倉具視などは恐慌狼狽《きょうこうろうばい》で、足が地に着かない。

横山と同じく西郷は朝鮮王朝への武力行使に反対で、兵を引き揚げて政府へ無言の圧力をかけた。これだけでも、西郷隆盛が後世にいわれる「征韓論者」でないことは明白である。

朝鮮征討を諦めた岩倉と大久保

横山安武の諫死で、太政官は「朝鮮征討論」に燃える世論の火消しに追われた。その火種をもみ消すため、九月、「朝鮮征討論」を唱えた佐田白茅を辞職させた。これはトカゲの尻尾切りで、外務省は対朝鮮政策を取り繕《つくろ》うべく大童《おおわらわ》となる。

当時の外務省の上申書には、釜山の草梁倭館への外務官僚の派遣について付箋《ふせん》がついている（牧原憲夫『明治七年の大論争』）。

「上級の官吏を派遣して『万一見込みに差し違い』がでたらかえって『御用の妨《さまた》げ』になるので『見込みの人』がいなければ事務官の森山と広津《ひろつ》だけでよい」

文中の「見込み」とは、参議大久保利通の岩倉具視への書簡で明らかである。

「当面は『征韓』とは反対の『因循論』でいくほかなく、『政府相互の交際』をしても害はなかろうが、誰を送るかは『厚く御勘考、御熟議』あるべき」

この書簡で大久保は、政府の「見込み」を承知していたことが分かる。当初の「見込み」とは、佐田白茅流の強硬な朝鮮征討による武力開国だった。それとは反対の「因循論（引き延ばし）として、「政府相互の交際」をしても「害はなかろう」との大久保の文章も尋常ではない。当面は平等な外交で、時が至れば不平等とする意図が言外に匂う。

岩倉と大久保の理想とは、武力で朝鮮を従属させることである。その目論見《もくろみ》があるので政府相互の国交のため「誰を（交渉に）送るかは御熟議（慎重な議論）」が必要とあり、国交確立への使者選定にこだわる。後に無効に出来る約定を結ぶ人物を求めた。

もともと「朝鮮征討論」は、岩倉具視をはじめとする政府が仕掛けたものである。

その方針を、西郷の怒りで、大久保は「当面」は「政府相互の交際」方針に変えることを提案した。慌てた外務省は、西郷と親しい吉井友実と相談したにちがいない。外務権少丞《ごんのしょうじょう》（正七位）の若い元尊皇攘夷派の吉岡弘毅《よしおかこうき》を選んだ。

すると早くも九月一八日に吉岡は、外務省から「朝鮮国え差し遣わされ候こと」の辞令を受けた。外務卿の親書を携えた吉岡弘毅が森山茂と広津弘信《ひろのぶ》を連れて東京を発したのは、一八七〇（明治三）年一〇月四日だった。

岩倉と大久保は「朝鮮征討論」の火消しに大忙しである。一二月になると岩倉具視が勅使《ちょくし》となり、大久保と山県有朋《やまがたありとも》を従えて、鹿児島を訪問する。タテマエは島津久光と藩主・忠義親子の政界入りだが、ホンネは西郷隆盛の中央政界参加の説得だった。

久光は病気を理由に渋ったが、西郷隆盛は大久保の懇願で上京を約束した。ただし「一二カ条」の条件を付けた。それは横山安武と同じく、政府官員の倫理を糺《ただ》し、人事を一洗、外交万針と中央集権政府の確立を求めるもので、岩倉も承諾した。

そのうえで西郷は、薩摩・長州・土佐の三藩による御親兵の創設を提示した。かくて一八七一（明治四）年四月、西郷隆盛は上京する。岩倉と大久保は、朝鮮征討をいったん諦《あきら》めざるを得ない。

御親兵は薩摩から歩兵四大隊・砲兵四大隊、長州から歩兵三大隊、土佐は歩兵二大隊・騎兵三小隊・砲兵二隊の、総計八〇〇〇名で、最大の武力は薩摩である。

西郷「留守政府」の明治三大改革

西郷は上京しても薩摩藩大参事の身分のままで、薩摩・長州・土佐で構成される御親兵の設立に尽力するのみだった。ここで西郷は大久保利通に提案した。

「政治は根本を一つにするのが大切で、三藩のなかの主宰者・木戸孝允を立て、その手足に三藩がなる」

西郷は武人だから政治は苦手である。その意を受けて大久保が木戸孝允を説得したが、木戸が首を縦に振らない。薩摩に対して猜疑心《さいぎしん》がある。薩摩と長州は互いに狡猾《こうかつ》なる薩人・長人と手紙に書くほど仲が悪い。仕方なく、西郷は自分が参議に就任することで、木戸の参議就任を説得した。それが一八七一（明治四）年の七月に始まった太政官「正院」制である。

正院（内閣）に列する参議は以下の通り、薩長土肥の雄藩の顔ぶれとなる。太政大臣は三条実美（公家）、右大臣は岩倉具視（公家）、参議は西郷隆盛（薩摩）・板垣退助《いたがきたいすけ》（土佐）・大隈重信《おおくましげのぶ》（肥前）・木戸孝允（長州）。

長州藩は木戸孝允しかいないが、筆頭の三条実美は長州閥なので、事実上、正院トップを抱き込んでいる。大久保利通は参議の座を降りたが、岩倉具視は大久保と近い。

この顔ぶれで、山県有朋や井上馨《いのうえかおる》など長州閥が求めた「廃藩置県」を、一八七一（明治四）年七月一四日にやってのけた。反対する藩に対しては、西郷が「軍をもって押し潰すのみ」といい、その一言で決まった。

全国諸藩は三府七二県に整理されて、知事は政府から送り込まれる。旧藩主は東京移住を強制され、殿様を失う不安から、農民は各地で一揆《いっき》を起こした。

その国内の騒擾《そうじょう》をよそに一一月、岩倉具視を特命全権大使とする「岩倉使節団」が、米国と欧州視察に出発する。副使は木戸孝允で、大久保利通・伊藤博文《いとうひろぶみ》・山口尚芳《やまぐちなおよし》など政府の主要官員、政府と静岡藩（徳川家）留学生も含め、総勢一〇〇名以上が海外に赴いた。

その「留守政府」を三条実美と西郷が率いる。「重要な政策変更はしないこと」と政府は釘をさした。西郷の「留守政府」は、明治の三大改革「学制発布」（全国に小学校を設置）、

「徴兵令」、「地租改正」を実施したが、いずれも各地で激烈な反発を受けた。しかし、この改革は既定のもので西郷「留守政府」に実施させて、立案者たちは外遊である……。

筆頭参議の西郷隆盛は、静岡県で引退していた大久保一翁をはじめ、旧幕臣を数多く新政府に招いた。こうして一八七二（明治五）年五月から、東京府知事は、旧幕臣の大久保一翁が務めることになった。

フランス軍事顧問が見た西郷隆盛

フランス陸軍参謀中佐のマルクリー軍事顧問団長は、西郷の思わぬ顔を描いている。一八七二（明治五）年九月二三日付の、パリの陸軍大臣官房あて書簡である。

〈われわれは日本の国家転覆《てんぷく》をはかる賊であるとのレッテルを貼られていました。陸軍内部には、どこまでもわれわれを排除すべしとの趣旨の「同盟」が出来あがっていました。

山県閣下は私が提案した改革を実行するのに難色を示し、辞任を望まれました。二度とも辞任は拒否されて、彼は陸軍大輔《だいぶ》の地位に留まっておりますが、彼には西郷隆盛の弟が補佐（少輔《しょうふ》）としてあてがわれました。西郷隆盛が陸軍省に大きな力を持つ官軍の総司令官に任命されたのです。西郷隆盛とは昨夜初めて会い、駐日フランス公使チュレンヌとジュ・ブスケと一緒に夕食を共にしました。西郷はまったく強健そのもので、背も高く、がっしりした体格で、闘牛のような太い丈夫そうな首を持ち、ヘラクレスのような太い腕には、やけどの跡か、刀傷の跡か、くっきりとした傷跡があります。西郷はいつでも、われわれのために動いてくれるようですし、その準備も出来ているようです。彼（西郷隆盛）が私に約束してくれたことで、顧問団の使命は実現の方向に向かうことになりました。

われわれが着いた時、陸軍の敵意は、それは明らさまでしたが、これまでの経緯《いきさつ》から、今度はわれわれの指導を求めてきました〉（篠原宏『陸軍創設史』から抜粋）

山県有朋以下は同盟を作り、旧幕府陸軍を訓練したフランス軍事顧問団を敵視していたことが分かる。西郷隆盛の巨眼に睨まれて沈黙し、同盟も解散した。山県が二度も拒否したフランス軍事顧問団の提示した陸軍改革案の内容は不明だが、西郷隆盛の中央政界への登場で、フランス軍事顧問団は勢いを得た。

「われわれは歩兵隊や砲兵隊の士官と下士官に対して講義をしたり、実戦論を教えたりすることになります。騎兵師団の士官と兵隊は全員、デシャルム隊長が率いる師団に繰り込まれることになります」

ジュ・ブスケは「文民統制」の軍制を何度も提案したが、山県有朋に拒否された。しかし西郷隆盛の登場により、明治陸軍はフランス式の「文民統制」の軍隊となった。後の西南戦争を考えるうえで「文民統制の軍隊」は重要な意味を持つ。覚えておいて欲しい。

『岩倉公実記』の大罪

征韓論は必ず西郷隆盛に結び付けられるが、この時代に「西郷の征韓論」なる言葉さえなかった。この事実も歴史的に重視されることはなく、そこには作為さえ感じる。

一八七三(明治六)年に再び朝鮮外交が政府の議題に上がったのは事実だが、その問題に関する政府記録もなく、書簡類では誰も「西郷の征韓論」の言葉を使用していない。文字で残る事実は「西郷の朝鮮遣使」である。

それが岩倉具視(一八八三〈明治一六〉年没。五九歳)の伝記に、「西郷隆盛の朝鮮遣使問題」の章があり、そのなかに「これが世にいう西郷隆盛の征韓論である」と記述された。宮内省編『岩倉公実記』(全三巻)が刊行されたのは、一九〇六(明治三九)年である。

それから「西郷隆盛の征韓論」なる言葉が独り歩きを始める。時あたかも日露戦争の勝利後で、東洋進出の魁《さきがけ》のように西郷隆盛は見られた。岩倉具視の伝記の記述は、西郷隆盛が征韓論、つまり朝鮮王朝の征服を主張したかのような誤解を与える。

この一八七三年の朝鮮外交問題の顚末《てんまつ》は、関係者の書簡で再現してみると、事実は真逆である。ことの本質は、新政府の三条・岩倉・木戸の長州閥の、手前勝手な対朝鮮政策の論理だ。要約すれば、こうなる。

「朝鮮外交と交易は、徳川将軍家の下で対馬藩が行なっていたが、いまや徳川家より上位の朝廷が政権を握って徳川家は一臣下に過ぎない。その徳川家に従っていた対馬藩と外交・交易関係にあった朝鮮王朝は、対馬藩同等の臣下、属国扱いにする」

これで『日本書紀』と同じ王政復古が完成する。神話的論理の実現を企てた。しかし事実は、対馬藩は朝鮮王朝に朝貢をし、見返りに草梁倭館を貸与され、交易を許されていたに過ぎない。

対馬藩の使者が首都・漢城（ソウル）に入れなかったことでも、それが分かる。新政府になっても首都に入れないことが、岩倉や長州藩を苛立《いらだ》たせた。

不満渦巻く釜山の反日運動

釜山の草梁倭館は、一八七二（明治五）年夏、一年七ヵ月も朝鮮王朝との交渉を試みた吉岡弘毅が、帰国に際し閉鎖した。草梁倭館は朝鮮王朝から提供された施設だからである。

その直後、外務省の花房義質《はなふさよしもと》外務大丞《だいじょう》は軍艦「春日《かすが》」に搭乗し、汽船「有功丸」に歩兵二小隊を従えて、釜山の草梁倭館を強行接収した。名称も「大日本公館」と改名し、外務省管轄下とした。あげく三越（三井組）手代などが貿易活動をしたので、朝鮮側を憤慨《ふんがい》させる。

一八七三（明治六）年五月二一日と三一日に、釜山の広津弘信から外務省へ、次の報告がなされた。

「大日本公館での日本商人の貿易活動が朝鮮側官憲の厳しい取り締まりで困難になっている。公館への物資供給も難しい。その理由は、東京の三越（三井組）の手代が対馬商人の名義を借りて商売を試みたので、朝鮮側は『僣商（モグリ）』と怒った。釜山の朝鮮東萊府《とうらいふ》は、公館門前に掲示を出して、『日本は西洋の制度や風俗を真似て恥じることがない。朝鮮当局は対馬商人のみ貿易を許したが違反した。近頃の日本人の所為《しょい》（ふるまい）を見ると日本は無法の国である』と書かれている」（毛利敏彦『明治六年政変』）

草梁倭館を日本が強行接収して「大日本公館」と改名したうえ、朝鮮政府非公認の三越（三井組）商人が貿易に跋扈《ばっこ》したので、朝鮮王朝が激怒したのである。

これを読んだ外務省の上野景範《うえのかげのり》（薩摩）は重大事と判断し、三条太政大臣に正院（内閣）での審議を求めた。閣議に上程された文章は、広津報告よりも深刻な文飾が施《ほどこ》された。上野景範はことさらに事を荒立てたようだ。

「（朝鮮側官憲が）我（日本）を『無法の国』と称し、『無道にも草梁倭館を鎖した日本をして後悔至らしめよ』と掲示したので、自然と不慮《ふりょ》の暴挙に及んで、我が人民（が）いかようの凌虐《りょうぎゃく》を受けるか測り難い勢いにある。このままでは我が朝廷の威厳について国辱にかかわる深刻な事態で、もはや放置はできない。出師《すいし》（出兵）の御処分の決断を求める。居留民保護に陸軍若干、軍艦数隻を派遣。九州鎮台《ちんだい》にも即応態勢を命じて頂きたい。軍事力を背景に使節を派遣して、公理公道をもって屹度《きっと》談判《だんぱん》（強硬折衝）に及ぶべし」

閣議に提出された書類から「三越（三井組）」の名は削られて、内容はよりキナ臭いものとなった。今にも釜山の大日本公館が襲撃されそうな報告に変わっている。これが議事に諮《はか》られた日付は不明で、何から何まで記録がないことに首を傾げる。

旧幕時代の礼装で朝鮮に行く理由

上野景範から提出された釜山の問題は、三条実美によって正院で審議された。議事録が存在しないので、書簡類から推測されている。一八七三（明治六）年六月末頃とされる。

三条実美太政大臣が上野景範の原案を呈示して、西郷隆盛・板垣退助・大隈重信・後藤《ごとう》象二郎《しょうじろう》・大木喬任《おおきたかとう》・江藤新平《えとうしんぺい》の各参議が検討した。

真っ先に、板垣退助が陸軍と軍艦数隻派遣の原案に賛成して、

「我が良民を見殺しにできない。居留民保護のために一大隊を派遣せよ」

と、武闘派らしい発言で口火を切り、

「これは英仏の軍艦が横浜港に停泊しているのと同じく正当防衛で、修好の談判は後日でも

かまわないではないか」

と、まくし立てた。多くの参議が頷《うなず》く。これをさえぎったのが西郷隆盛である。

「陸海軍の派遣は朝鮮側の疑懼《ぎく》を招き、日本側の趣意《しゅい》と反する結果になるだろう。兵を動かせば、日本国は朝鮮国を併呑《へいどん》せんと謀《はか》っていると思われて不都合《ふつごう》である。まず全権の使節を派遣し、漢城の朝鮮国政府と談判し、自ら悔悟（鎖国の誤りを理解）させるべし」

ここで「日本側の趣意と反する」の「趣意」とは、対等な外交関係樹立を意味するが、これは岩倉や木戸が唱えて大久保が承知していた「見込み（武力による優位）」とは異なる。

「朝鮮国併呑を謀ると思われて不都合」も岩倉と木戸には耳が痛い。西郷は続けた。

「まず使節を派遣して公理公道をもって談判すべきである」

上野景範起案の「屹度（強硬）談判」が落ちている。理非曲直をただす西郷らしい言葉で、前年に休暇で鹿児島に帰り「朝鮮を侮《あなど》る征討論に抗議」して憤死した横山安武の碑文を揮毫したばかりだった。

「これまで朝鮮に派遣されたのは大丞以下の外務官吏だから交渉が進まなかったと思われるので、今度は全権を授けられた大官を派遣せよ」

と西郷が論じると、三条実美太政大臣が賛成して身を乗り出すように、

「使節を派遣するとなれば護衛兵を従えて軍艦で赴くべきだ」

と付け加えた。外務大丞花房義質の草梁倭館接収の例まで持ち出す。その武力接収が今日の事態を引き起こしたので、西郷は反論した。

「使節は礼式、すなわち烏帽子《えぼし》・直垂《ひたたれ》を着し、礼を厚くし、非武装でなければならない」

そして、ペリーやプチャーチンの例を挙げ、こう明言した。

「みずから使節の任にあたりたい」

参議筆頭・西郷隆盛は寡黙な人だが、明瞭な意志表明をした。朝鮮側が「日本も洋服を着る洋夷」と警戒するので旧幕時代の礼装で行く。これに板垣や他の参議も同調、賛成した。

すると三条実美のみが躊躇して急に、

「当面の責任者の副島《そえじま》外務卿は清国出張中ゆえ、閣議は結論を保留とする」

と、自身で提議した問題を引っ込めた。実に不自然なことで、副島外務卿不在は承知の上で閣議を開き、

「大日本公館の物資補給も困難。居留民の凌辱《りょうじょく》の恐れ」と、緊急性を持つ原案を西郷案議決になりそうになるや、急いで保留とした。

実は外務省の上野景範の問題提起も怪しいもので、深慮遠謀家の西郷は、三条・岩倉・外務省の「朝鮮への野心」「日本への非礼の虚構性」も見抜いていたのかもしれない。

朝鮮派兵に反対する西郷への画策

このとき外務卿の副島種臣《そえじまたねおみ》は、清国に出張中だった。

一八七一（明治四）年に報告された、台湾東海岸に漂着した宮古島《みやこじま》島民が殺された事件で、国内は「台湾討つべし」の世論が沸騰した。そのため副島外務卿は北京に赴き交渉すると、清国政府は「台湾は化外の地（支配が及ばない地）」と明言し、不干渉を約した。

興味深いのは、北京で副島は、ロシア公使ビツオフとも会談していることだ。

「たとえ日本から事を韓国にかまえても、ロシアは少しも干渉・妨害しない」

との言葉をロシア公使から引き出した。朝鮮出兵を打診済みである（『大隈伯昔日譚』）。

この大隈重信の回想は軽視されているが、副島外務卿と同郷で、共に長崎で英語や米国憲法を学んだ仲だ。朝鮮出兵は三条以下太政官（政府）の既定方針だったと見える。

台湾征討と朝鮮派兵までが政府の方針にあり、内政では長州閥の井上馨（三井と癒着し大蔵大輔を辞職）、山県有朋（公金濫用《らんよう》）、槇村正直《まきむらまさなお》・京都府参事（職権濫用で木戸孝允の資金源を確保）らの汚職問題で揺れている。西郷の心中は察するに余りある。

この頃、すっかり西郷は体調を崩した。習志野《ならしの》での陸軍演習を観戦した若い明治天皇は、西郷が歩くのもやっとなので、「あの肥満は何か病気なのではないか?」と心配した。

そのため天皇は、六月、侍医と東大雇いのホフマンを診察に遣わした。西郷は、「西洋の医者とは変なものだ。裸にして体のあちこちを叩くのだから」と、こそばゆい思いをしたが、診断は「肥満と血行障害」で薬を処方された。勅命《ちょくめい》の薬だから西郷は謹んで飲んだ。それが下剤なので、西郷の持病たる下痢は、勅命薬でさらに激しくなる。

この頃、海軍大輔の勝海舟の日記に奇妙な記事がある。一八七三（明治六）年五月三一日の項で、「出省。吉井氏へ行く。大久保殿に面会、種々内話。西郷氏の事頼まる」とある。

その日から海舟は、連日「西郷氏の事」で薩閥の吉井友実と大久保利通のあいだを大奔走する。大久保利通は「急遽帰国」を求められ、岩倉使節団より一足先の五月二六日に帰国報告をしたが、日記は「以後出仕せず」で空白となり、箱根や京阪の温泉で遊んだとされている。勝海舟の日記では大久保利通は東京にいたのである。

「六月七日　参朝。（中略）西郷氏進退の事等、条公（三条実美）へ内言上」

西郷隆盛辞職の内意を勝海舟から太政大臣三条実美に伝えた。友人の重大な進退問題なのに、海舟は大久保一翁には報告したが、西郷に会って確認した記事はない。大久保利通の日記の空白も不自然である。

大久保利通が帰国した直後、釜山の「大日本公館危うし」の報告が外務省の上野景範（薩摩）に届き、閣議に上程された。すると、辞職するどころか西郷は、熱心に朝鮮遣使の運動を始める。

誰も指摘しないが、本当に西郷は辞任を望んだのか、と疑問が湧く。朝鮮派兵に反対する西郷を辞任させる画策が、長州閥と吉井と大久保利通間で進められたのではあるまいか。

『西郷隆盛伝』で削除された部分

西郷は勅命薬で下痢をする合間に「朝鮮使節」就任の手紙を精力的に書いた。参議に副島種臣（肥前）、江藤新平（肥前）、後藤象二郎（土佐）が加わったので、筆を走らせては厠《かわや》に走り、尻を清め再び机に向かう。と、また腹がゴロゴロと催す。辞職とはほど遠い執念を燃やした。

新参議の江藤新平は司法卿で、辣腕《らつわん》を振るう。汚職だらけの大蔵大輔・井上馨を辞任させて、山県有朋を追い詰め、木戸孝允の子分で暴政を振るう京都府参事・槇村正直を拘禁した。江藤司法卿は秋霜烈日《しゅうそうれつじつ》、長州閥の天敵のごとき存在である。

新しい面子《メンツ》を加えた参議と、帰国した副島種臣を交えた閣議で、西郷隆盛の朝鮮派遣を討議したらしい。なぜか史料が残っていない。都合の悪い記録の抹消は、維新以来の政府のお家芸である。文書がないのは、政府が都合の悪いことをした証拠と考えるべきなのだ。

書簡で分かるのは、七月二八日に板垣退助が西郷隆盛を訪れたことである。板垣の私邸は京橋木挽町《きょうばしこびきちょう》（「歌舞伎座」付近）だが、西郷は体調不良時は、弟の西郷従道邸（青葉台二丁目「西郷山公園」）に転がり込んでいた。西郷は手紙で訪問の御礼を綴ったあと、

「さて朝鮮の一条、副島氏も帰国して、その後ご決議はあったのでしょうか。（略）兵隊を先にお遣わしになると、必ず相手からは兵隊を引き揚げるように申し立て、それで兵端を開くことになります。そうなると初めよりのご趣意と異なり、戦いをつくる場になってしまい不都合と愚考いたします」

これが有名な板垣退助への西郷の手紙で、最初に書かれた西郷の伝記である勝田孫弥《かつたまごや》著『西郷隆盛伝』（一八九四〈明治二七〉年刊）では、この部分が削除され、後半の次の部分のみ引用された。

「断然、使節を先に差し立てられる方がよろしいのではないでしょうか。そうすれば決まって、相手から暴挙に出ることが予見でき、そうなれば討つべき名も確かに立つと考えます。公然と使節を差し向けられたなら、暴殺はするはずと察せられ、なにとぞ私を遣わして下さるよう、伏してお願い申し上げます。副島君のような立派な使節はできなくても、死ぬぐらいのことはできると思いますので、よろしくお願い申し上げます」

派兵を唱えた板垣の顔を立てた有名な行《くだり》である。この部分のみ強調されて「西郷の征韓論」が独り歩きした。板垣あて書簡には追伸もある。

「追啓。ご評議の節、お呼び下さる節は、なにとぞ前日にお知らせ下さるよう頼みます。瀉薬を用いますと外出できなくなってしまいますので、この点もお含み置き下さい」

恩賜の下剤は目一杯効くようで、閣議など出られない。夏の暑さで汗と下痢まみれになりながらも西郷は、精力的に諸参議に書簡を書いた。この時期の前後、西郷が他の参議にあてた手紙では「諄々《じゅんじゅん》と説けば分かってくれる」としか書いていない（小島慶三『戊辰戦争から西南戦争へ』）。板垣宛の手紙は、好戦的な性格を意識したものである。

西郷は得意技の「相手の懐《ふところ》のなかに飛び込んで誠実に話し合えば解決する」自信があったと思える。特に朝鮮は儒教の国で、烏帽子・直垂の使者を首都で殺すとは思えない。

西郷は下剤の服用を止めて、朝鮮遣使に名乗りを上げた副島種臣の家を自ら訪問した。すると副島も、西郷の説に賛同をした。副島外務卿はロシア公使ビツオフとの会談で、ロシアの不干渉を知っているし、前年に帰国した朝鮮派遣使節の吉岡弘毅から詳細も聞いている。これは重要なことである。

憤慨する西郷と副島

西郷と会談した副島種臣は、前年、釜山の草梁倭館を閉鎖して帰国した吉岡弘毅のことを語ったはずである。吉岡は横山安武が切腹したあと、慌てて外務省が釜山に送った外務権少丞で、薩摩の吉井友実が外務省に引き抜いたが、副島外務卿が帰国後に辞職させることになった。なんとも面食《めんく》らうほどの頑固者《がんこもの》で、西郷も感心したに違いない。

吉岡弘毅は美作《みまさか》（岡山県）尊攘激派だった。戊辰戦争では、北陸道総督府で薩摩の吉井友実と面識があり、弾正台《だんじょうだい》（監察）のころ三条実美とも談判したことがある。攘夷家の経験から吉岡は、朝鮮側を刺激しないように和船で釜山に渡って、一年七ヵ月も釜山の草梁倭館で粘った。吉岡弘毅の外務省への報告には、次のようにある。

「朝鮮側が日本の外務卿の文書を拒否するのは、豊臣秀吉の侵略で朝鮮全土が『流血満地《りゅうけつまんち》』となり、日本人が『横暴至極《しごく》』だったことを三〇〇年後のいまも忘れていないからである。両国のあいだを取り持った対馬藩は、真の友好関係ではなく、毎年『莫大な米穀』を朝鮮から与えられながら、しばしば一年で数年分を貪《むさぼ》った。もし日本政府と国交を結べば、その要求も『唯《ただ》供給を貪るにとどまらないであろう』と心配して、日本政府との交際を拒否する」

これで朝鮮側の攘夷の理由も西郷は理解できたと思う。吉岡弘毅の報告は、対馬藩と朝鮮王朝の関係を徹底的に調べ上げている。

「対馬藩は『歳賜米《さいしまい》と唱え、年々米五〇石と大豆五〇石』を朝鮮王国から受け取り、財政が切迫すると朝鮮から金穀を借り受け、貿易の代金も支払わなかった。廃藩置県で政府は対馬藩の貿易の未払い金二万四〇〇〇両を肩代わりしたが、この借財は朝鮮王朝への恐喝《きょうかつ》によるものである」

こう外務省に対馬藩を糾弾していた。

草梁倭館は朝鮮王朝から提供された施設なので、吉岡は帰国に際して閉鎖した。それを副島外務卿が「引き揚げ方が悪い」と詰問したら、元尊攘激派の吉岡弘毅は堂々と語った。

「攘夷に狂奔した自分たちの姿を思えば、朝鮮政府を非難も出来まい。後日必ず『解悟氷釈《かいごひょうしゃく》』する時期がくる」

また、草梁倭館の閉鎖で貿易が途絶することを副島外務卿が責めると、「自分は才力と学力に劣るので辞職して学生になる。官員暮らしでは人生の志《こころざし》を失う」と、あっさり「依願免本官・位記返上」をして、一法律私学校生徒に転じてしまった。まだ二七歳の若さで志に徹した傑物《けつぶつ》である。

吉岡の進退の見事さに副島外務卿は舌を巻いて、西郷に語ったはずだ。だからこそ副島は西郷の朝鮮遣使に賛同したのではあるまいか。後に副島は西郷とともに野に下る。

西郷と佐賀閥の副島は、長州閥が政治と外交を私物化しようとするのは、戊辰戦争の犠牲者と勤皇の大義を裏切るものと、共に憤慨したと思う。

西郷の朝鮮遣使決定の舞台裏

その日はやっと来た。一八七三（明治六）年八月一八日、西郷隆盛は三条実美邸（現・帝国ホテル付近）から笑顔で飛び出した。向かったのは京橋の板垣退助邸である。西郷による朝鮮使節派遣が閣議で決定し、内奏して、明治天皇から許可が出た。

「昨日は参上いたしましたところ、お出掛けで御礼も申し上げられませんでした」

と翌八月一九日付で、西郷は板垣退助に書簡を出している。

「先生のお陰をもちまして、快然たる心持ちが初めて生じております。病気もとみに平癒して、三条公の御殿より先生のお宅まで飛んで行ったようなことで、足取りも軽く感じました。もう横棒の憂いもあるはずなく、生涯の愉快とはこのことです。用事も済みましたので、またまた青山（弟・従道邸）に潜居いたします」

嬉しい西郷は「病気もとみに平癒」という。これは下痢のことかもしれない。ただ、この西郷の書簡を読んだ板垣退助は、すぐさま青山の西郷隆盛を訪れて、

「何も朝鮮で死ぬことはないではないか」

と懇々《こんこん》と説諭したようで、八月二三日付の板垣宛書簡で西郷は書く。

「ご教示の趣《おもむ》き深く感じ入りました。（中略）過激に出て死に急ぐようなことは致しません

ので、そのことについてはご安心下されたく思います」

こう真意を綴った書簡を読んで板垣は、西郷の意図を解し、その笑顔を思い浮かべたはずだ。

「西郷は巨口を開き、頭を抱きつつ、ワァハッハハと哄笑《こうしょう》した。けだしはなはだ得意なるときは、西郷は頭を抱えて哄笑するが常だった」（「日本及び日本人　臨時増刊南洲号」）

木戸孝允が朝鮮遣使を怖れたわけ

西郷の朝鮮遣使の勅命の出た直後の八月二一日、早くも木戸孝允が西郷を訪れた。午前一一時から「西郷老人談話数字（時）」と『木戸孝允日記』にある。数時間も語り合ったが、西郷と木戸は腹を割って話せる仲ではない。互いに「狡猾」と疑う関係である。

その通り木戸は狡猾だった。西郷訪問の一週間前に外務省を訪れて事情を聞き、その後は外務卿・副島種臣、上野景範を呼びつけて、「西郷朝鮮遣使」問題を調べ上げたうえでの訪問だった。事態の経緯を知ると木戸は憂慮したに違いない。

長州閥の巨頭としては、朝鮮を従属国にするべきで、対等な条約など結んでは困る。何より対馬藩が朝鮮に朝貢の形式を採り、恐喝まがいの借金をしていたことや、三越（三井組）の釜山での活動も、子分の井上馨や長州閥の致命的な瓦解《がかい》につながる。

このとき木戸は、上野景範や副島外務卿に命じて、吉岡の関係書類を処分させたのではないかと思われる。吉岡弘毅の名は、王政復古から一八八一（明治一四）年までの政府高官五〇〇名を網羅した『百官履歴』や各種人名辞典にも掲載されていない。外務省への吉岡の報告書類も不明となった。最高権威の命令でもなければ、記録の全抹消は理解できない。

吉岡弘毅の経歴や事の顚末は一九九〇年刊の牧原憲夫教授の研究『明治七年の大論争』で知られるようになった。優に一〇〇年を超える隠蔽である。

木戸孝允の訪問を受けた西郷は余裕を持って応じた。釜山で長州閥が何をしているのか副島から聞いてもいる。何より朝鮮遣使の件は、天皇の綸旨《りんし》を賜っている。一度出た天皇の言葉は元に戻らない。それで「綸言《りんげん》汗の如《ごと》し」という。

いくら木戸でも天皇の言葉を翻させるなど「不敬の極み」で、新政府は名義も大義も失う。戊辰戦争を討幕勢力の私戦に堕《おと》してしまう行為である。西郷は悠然と応じたと思う。心配したとすれば、長話なので、腹の具合だけに違いない。

西郷と木戸の面会で何が語られたか不明だが、木戸は腹を括《くく》ったことがある。

一ヵ月半も天皇の綸旨を無視して

西郷は九月一二日付の、朝鮮に随行させる陸軍少佐・別府晋介宛の手紙で、

「当所を引き払い、小網町《こあみちょう》に帰るつもり。二十日までには出帆のつもり」と書いた。九月二〇日に朝鮮へ向かうつもりである。ルンルン気分で下痢も忘れた西郷は知らなかった。すでに木戸が三条へ重大な意見書を提出していたのだ。大略は次のようなものである。

「台湾で琉球人が殺されたこと。朝鮮のわが国への無礼。されども今日の急務は、節倹を主として財務を経理すること、内政を充実して国力を厚くすることである。外征（海外派兵）は控えるべきである」

九月三日の夕刻、木戸孝允は三条実美邸を訪問して会談する熱心さで、日記に記す。

「(三条公は) 談論中、西郷参議より台湾出張、朝鮮討伐の建言云々《うんぬん》あり、かつ朝廷上にもすでに決議を欲す。よって深憂に堪えず、と」

いかに三条実美が混乱していたかが分かる。「台湾討伐」「朝鮮遣使」が逆になり、西郷の朝鮮遣使の内示が出ているのも忘れている。木戸は「横棒を入れた」のである。

西郷のほうには、待てど暮らせど、朝鮮遣使の国書が届かない。「九月二十日出帆のつもり」が何の音沙汰もない。綸旨が出た八月一八日から丸一ヵ月と一〇日も連絡なしである。

怒り心頭に発した西郷は、巨体を揺すらせて三条実美邸に乗り込んだ。物凄い剣幕で三条の不誠実をなじり、面罵《めんば》したらしい。すると震え上がった三条は、

「朝鮮事件、西郷すこぶる切迫、昨日お談《はなし》申し上げました通りで甚《はなは》だ痛心」と、岩倉具視に手紙で嘆いた。

三条は帰国した岩倉具視に「西郷朝鮮遣使」の件を説明していたらしいが、西郷に詰め寄られ、恐怖で震える思いだった。九月二八日付である。

三条の手紙を読んだ岩倉具視は三〇日、日本橋小網町の西郷宅に駆け付けたが、「朝鮮事件しきりに切迫論にて」と、取り付く島もなく閉口した。

西郷が朝鮮遣使に「切迫」するのは無理もない。一ヵ月半近くも天皇の綸旨を無視している。それは天皇の命令を誰もが無視しているに等しい。西郷ならずとも「切迫する」のが当たり前の事態である。

この西郷の心境を岩倉は、大久保利通に手紙で相談した。幕末以来の仲である。外務省の上野景範が参議に示した急迫の事態にしては、あまりにも迂遠《うえん》で不自然である。

王政復古には「三韓征伐」が必要

大久保大蔵卿は参議ではないが、廟堂《びょうどう》を揺るがす西郷朝鮮遣使の件を知らないはずがない。政府内にも噂があった。一〇月四日の海軍大輔・勝海舟の「日記」に明記されている。

「十月四日　出省。伊東祐麿《いとうすけまろ》、朝鮮へ参りたき旨。近頃、西郷、使節となりて同国へ差し遣わさるべくの風聞あり、故《ゆえ》に云《い》うと、また弾薬用意の事、申し聞く。参朝。大臣殿に定額御増加のこと、その他を申し上げる。大久保大蔵卿へ行く」

伊東祐麿は薩摩出身の海軍少将で、西郷の朝鮮遣使の噂を聞いて、海軍大輔の勝に迫ったので、弾薬予算の件で勝は急いで大久保大蔵卿に相談した。勝の日記は、こう続く。

「十月十一日　岩倉殿へ行く。大臣殿ご同席。海軍の事、その他、その談あり」

岩倉具視の私邸（馬場先門「旧川越藩邸」・皇居前広場付近）に大臣も集まり策を練っていた。勝の話の内容は三条の書簡で分かる。

「海軍の不備、しょせん戦術に欠けるところあり、勝大輔に問うに、戦術決して整わず、万一政府より戦争を命じられれば職を辞するほかはないという云々」

翌一二日に閣議開催の予定なので、勝海軍大輔に軍備を尋ねたらしい。なぜか三条の頭は「朝鮮遣使＝戦争」である。この日、再び閣議は一四日に延期と通知があった。

下剤を呑まず待っていた西郷は、また延期の知らせで胸糞《むなくそ》悪い。三条へ手紙で怒りの噴瀉を浴びせた。

「明日の御会議、いかにも残念至極にそうろう。不肖を（朝鮮へ）お遣わしになることは、最初お伺い（天皇に上奏《じょうそう》）のうえで、ご許容済みです。今日に至り御沙汰替わり（勅命変更）等の不信の事を発させられては、天下のため勅命を軽視することになります。もしや

（勅命）が変わられたのなら、実に致し方なく、死して国友へ謝すまでのことです」

三条は仰天《ぎょうてん》した。「勅命」を軽視したことが発覚すれば、新政府の存在意義が土崩瓦解《どほうがかい》する。かてて加えて西郷が切腹すれば、東京にいる薩摩の近衛兵《このえへい》が暴発する。さりとて「烏帽子・直垂の参議筆頭の使者」を三条は送りたくない。三条は岩倉に書簡を発した。

「この一件はまったく僕らの軽率より、ついにこの如き難事に至ってしまった。この上は大久保の精忠に依頼し、三人で西郷方に赴き、赤心を以て説得する他ない」

朝鮮へ「和談」の「高官」を送る気がないことが分かる。書簡に「大久保の精忠に依頼」とあるが、誰への「精忠」なのか。三条・岩倉の「朝鮮征討組」への大久保の精忠としか思えない。軍艦と陸軍で国威発揚のため朝鮮へ版図《はんと》を広げようとしたのは三条実美・岩倉具視・長州閥と大久保利通と断定できる。

この連中は、王政復古は古代神話の「三韓征伐」をしないと完成せずと思い込んでいる。神話原理主義者である。全国の不平士族の不満を口実にするのは、『日本書紀』の版図を再現するのが政治と思い込んでいたふしがある。

大久保が秘策を考え出した。その秘策のため、切腹した横山安武の建白書で名指しされた「岩倉具視と徳大寺実則」両名を加担させて、史上初の大謀略をする。維新の志士たちを激怒させる天皇の利用である。

偽勤皇組の顔ぶれ

もともと霞が関の大名屋敷に住む大久保利通は、日本橋小網町の町屋に従僕二人を連れて暮らす西郷の禁欲生活が、目の上のたんこぶだった。慎ましい西郷の暮らしぶりは、当て擦りにさえ思える。西郷が閣議を嫌って出席しなかったとき、黒田清隆に心境を探らせたら、

「右手に商業を扱い、左手に政権を執る輩《やから》を嫌悪している」

との観察を報じた。

明らかに長州閥の井上馨や山県有朋、あるいは槇村正直（京都府参事）らの所業を指す。そのうえ対馬で三越（三井組）の闇貿易が発覚すれば、政府は崩壊である。

大久保は眦《まなじり》を決して参議に復活する。この前後の西郷の語った内容は、史料がバラバラで、判然としない。明らかに後年、西郷が戦争を欲したかのように改竄《かいざん》したものもある。

一五日の閣議で、大久保利通は「内治を優先すべきで断然延期論」の熱弁を振るったが、西郷の手紙作戦が功を奏し、圧倒的多数の参議は「西郷の即行論」に賛成した。二ヵ月前に閣議決定されており、勅命も下りている。

岩倉具視は「内治優先・延期論」を主張したが、三条実美は例の無定見《むていけん》さで「西郷即行論」に賛成して、岩倉を激怒させる。三条は天皇の沙汰《さた》も知っているので、西郷と岩倉の狭《はざ》

間で寝込んで、発熱痙攣した。これが謀略を可能とする。

三条実美は幕末の頃から短慮だが、天皇の御沙汰に反するほどの度胸はない。幕末政局を泳いだ百戦錬磨の岩倉具視と大久保利通は違う。外遊中で知らぬ顔を決め込んで、天皇の内示をひっくり返す謀略をやってのけた。

実は内示が出たときに大久保は帰国していたから罪は重い。それを知っていて、帰国からこの日までの日記を白紙にした。それほど政権の正当性を失う謀略である。

天皇親政とは名ばかりの「専制」

その謀略は、非刊行だった宮内省長官・徳大寺実則の文書《もんじょ》が近年発掘されて判明した。『岩倉公実記』編纂のために集められた史料だが、明らかに宮中陰謀事件なので伏せられていた。一九九三年に高橋秀直氏が発表して通説となった。勝田政治『〈政治家〉大久保利通』によると、一二〇年ぶりに判明した事実はこうだ。

三条太政大臣が寝込んだので、岩倉具視が太政大臣代理となり、大久保が薩摩閥の黒田清隆に命じ、宮内省の徳大寺実則長官を策謀に加担させた。

まず岩倉具視が西郷の朝鮮遣使「延期」の上奏文を起草し、これを大久保利通が添削した。そして宮内省の徳大寺実則長官から密かに天皇に上奏させた。密奏終了の報は一〇月二二日に岩倉に届いた。若い天皇（二二歳）に「西郷朝鮮遣使延期」を下すように騙したのである。天皇の意見を拘束するため、東久世通禧侍従長《ひがしくぜみちとみじじゅうちょう》に見張らせる念の入れようだった。西郷・板垣・副島・江藤の四参議は、同じ日、岩倉具視邸へ押しかけ、閣議決定の「西郷即行論」を速やかに上奏するよう要求した。すると岩倉は、「『即行論』と『延期論』の両論を奏上《そうじょう》して天皇のご裁断を仰ぐ」と強弁した。

もとより嘘である。すでに天皇の意志は徳大寺長官の密奏で「延期」に変えられている。約束の翌日、岩倉具視から上奏の結果を参議一同へ告げた。

「陛下は『延期』と仰《おお》せられた」

閣議決定と八月の内示は陰謀でひっくり返されたのである。

この奸臣どもの仕業を西郷は予測したようで、前日の一〇月二三日付で、参議と兼任官職の辞職、正三位《しょうさんみ》の位を返上し、「再勤のつもり決してござなく候」と政府を見限った。辞職は受理されたが、西郷をこよなく愛す明治天皇の意志で、陸軍大将の地位は維持された。翌日、板垣・副島・江藤も抗議の辞表を叩きつけた。一〇月二四日である。

宮中を巻き込んだ岩倉具視と大久保利通の謀略で、太政官正院の参議による合議制度が否定された。天皇親政とは名ばかりで、岩倉具視と大久保利通の「有司（役人）専制」が再び始まりを告げる。これが「明治六年の政変」である。

それは維新以来の「公議公論」と異なる。辞職した参議たちは、明けて一八七四（明治七）年一月一七日、「民撰議院設立建白書」を左院に提出する。署名者は前参議の板垣退助、後藤象二郎（以上土佐）、副島種臣、江藤新平（以上佐賀）と、英国留学帰りの小室信夫《こむろしのぶ》（徳島）、古沢滋《ふるさわしげる》（土佐）ら八名である。

国会開設を要望する建白書で、薩長の政権独占への強い反発と「天賦人権論」に基づく議会政治への要求だった。実現まで一六年の歳月を要する。西郷は参加しなかった。

長州閥復権に協力した大久保

一八七三（明治六）年一〇月二三日、西郷は従僕二名を連れて日本橋小網町の自宅を離れて、隅田川《すみだがわ》を越えた向島《むこうじま》に渡った。小梅村《こうめむら》にあった旧鶴岡藩御用達《ごようたし》・越後屋《えちごや》の別荘に短期滞在してから、横浜から鹿児島に向かう。鹿児島着は、菊香る一一月一〇日だった。

その間、政権中枢部は大変動に見舞われた。

薩摩出身の近衛局長・篠原国幹《しのはらくにもと》、陸軍少将・桐野利秋をはじめ、別府晋介など一五〇名以上、一説には六〇〇名が、同じく鹿児島に帰郷した。

歴戦の最強軍団幹部がごっそり鹿児島に帰る。ことの重大さに政府は戦慄《せんりつ》して、天皇自ら親しく近衛局長・篠原国幹を説得したが、失敗した。それほど深刻かつ混乱の状態で、政界の乱脈には拍車がかかる。今日では信じられないことが起きた。

岩倉具視・太政大臣代理の「特命」が司法省に出る。職権濫用《らんよう》と司法権無視で拘禁されていた京都府参事・槇村正直の釈放である。木戸孝允の要請だった。

これに怒った司法大輔・福岡孝弟《ふくおかたかちか》（土佐）、同三等出仕の島本仲道《しまもとなかみち》（同）、同樺山資綱《かばやますけつな》（薩摩）以下の司法省首脳は、「人民に過酷、大官に寛大な処置」と抗議して辞職した。一〇月二五日である。

「明治六年の政変」で最も利益を受けたのは、汚職塗《まみ》れの長州閥だった。権力濫用で大蔵大輔を辞職させられた井上馨も間もなく復権する。陸軍の公金横流し事件の山県有朋も大手を振って陸軍卿となる。その長州閥復権に薩摩の大久保が協力したのはなぜか。

真の薩長同盟が始まる

誤解されているが、幕末の薩長同盟とは一時的なものである。もともと木戸と西郷は互いに不信感を持っており、土佐も一八七〇（明治三）年に「西郷が大兵を率いて……」の噂が流れたとき、佐々木高行は「薩を討つべし」と日記に書いた。

明治維新後、王政復古の政府で、天皇の役割を発見したのは大久保利通だった。その政治思想は次のようなものである。

「朝廷より威力のあるものは薩摩、長州である。これこそ皇国の柱石である。薩摩、長州が合一すればできないことはない。それに土佐を加えて盟約を結ぼう。そして政府の諸将と一体として自分たちに従わせる。さらに宸断《しんだん》をもって天下を統御する。天皇親政の形を前面に押し出す」（『大久保利通文書』三より要約）。

文中「宸断をもって天下を統御する」とは、勅命の形式で天下を統制する、との意味であり、それを強要するのは薩長閥となる。「明治六年の政変」をもって初めて薩長同盟の支配が始まる。

この宮中策謀に関係したのは、岩倉や大久保の他、黒田清隆（薩摩）・大隈重信（肥前）・伊藤博文（長州）・大木喬任《おおきたかとう》（肥前）が含まれる。やがて肥前の大隈重信は「明治一四年の政変」で内閣から蹴りだされて、大木喬任も薩長政権に唯々諾々と従い、元老院に追い払われる。西郷を裏切った黒田清隆は罪責感から酒乱となる。

幕末よりこの方、天皇を前面に押し出す真の薩長同盟による専制政治は、このとき始まる。土佐も肥前も肥後も、さらには朝廷すら薩長に従う存在に没落する。

西郷隆盛には「天皇親政の形を前面に押し出す」、とどのつまりは「天皇を形式的に利用する」との大それた考えは及びもしない。ひたすら若い明治天皇を名君とすべく仕えた。

征韓論は、岩倉具視や木戸孝允など長州閥とともに、政治家・大久保利通等が虎視眈々《こしたんたん》と狙っていた。武力をもってしても臣下とし、朝鮮国を従える。

それを西郷隆盛は、天皇の国際的な不名誉となるので阻止すべく奔走したが、岩倉と大久保の薩長閥を駆使した宮中謀略に敗れた。

その証拠に、西郷が鹿児島に戻るや、大久保利通や伊藤博文の薩長閥は、極秘裏に朝鮮強硬策を進めた。一八七五（明治八）年の「江華島《こうかとう》事件」で朝鮮王朝を軍艦の砲撃で脅し、翌年の「日朝修好条規」で不平等な条約を押しつけた。これら一連の事態を、鹿児島で、西郷は歯噛みしながら見ていた。「そげなこつしおって！」と。

繰り返すが西郷隆盛の征韓論は、岩倉具視や大久保利通、あるいは伊藤博文など、薩長専制政府の野望が捏造した冤罪である。

その冤罪は深刻なもので、御一新の「万機公論に決すべし」を裏切り、袞竜《こんりょう》の袖《そで》に隠れて政治を私物化する時代の到来を告げるものだった。そのためには、一連の薩長同盟専制政府の犯罪行為を知る者を、消さなければならない。それが「西南戦争」なのである。

第三章　西南戦争の冤罪

英国人医師が見た鹿児島の惨劇

西郷隆盛とその一党六〇〇名の帰国は、鹿児島の風土を荒々しいものとした。下士の鹿児島県支配と、それに不満を抱く旧藩主・島津久光以下の上士の対立に加えて、東京組の留守家族への反目と、三つ巴の対立で緊張し、火花を散らした。

大久保利通の家族は、西郷隆盛の帰国と入れ違いに一家を挙げて上京する。西郷隆盛に乞われて鹿児島に赴任した英国人医師ウィリアム・ウィリスの書簡は、鹿児島城下の殺伐《さつばつ》たる事態を伝える。一八七二（明治五）年一〇月三〇日付のウィリスの手紙にはこうある。

「私がこの国（薩摩）に住んでいることを再認識する出来事に、いくつか遭遇しました。ある男が病院にかつぎ込まれてきたのですが、一七ヵ所も斬られた刀傷があり、内臓の一部が垂れ下がっていました。手術をして六日たちましたが、まだ生きています。もう一人の患者は、まだ小さな子どもで、刀を二本差しにした侍に腕を斬り落とされて、膝の関節の所がぱっくりと裂けていました。だんだんと回復しています。

肩の関節を斬り裂かれ、上着もずたずたの患者も診たのですが、いま病院でなんとか持ち直しています。先日も、おそろしい刀の斬傷を負った老婆《ろうば》と、そのせがれを治療しました。分離していた大きな頭蓋骨の骨片と脳髄《のうずい》の一部を除去したのですが、奇跡的にその老婆は一命をとりとめています。この傷害沙汰を犯した侍は、事件後、自分の妻を斬り、いとけない息子の胸を切り裂いて、それから自分の腹を掻き切って死んだのです。数日前にも、飼い犬のことから口論となり、その結果、ひどい刃傷《にんじょう》沙汰となった主人とせがれと三人の召使いの手当てをしました。一人は頭蓋骨が斬り裂かれ、腕の骨も深手を受けていますが、現在、このような凶行がまだ続発しているのです」

この手紙を鹿児島県人は軽視するが、それでは西南戦争の原因がわからなくなる。鹿児島は無力化した上級士族、支配する私学校党、肩身の狭い東京留守組との、三つ巴の緊張がみなぎっていた。東京組の留守家族は逃げ出して上京し、維新で五〇万人に激減した東京の人口回復に大きく寄与したと思われる。

鹿児島県は独立国家の様相に

鹿児島は廃藩置県と秩禄処分（士族や華族に与えていた禄の停止）も実行しない。県令は薩摩人の大山綱良で、官員もすべて薩摩人であり、他府県とは異なり、政府の人間を寄せつけない。むろん政府の徴税も拒否した。

さすがの大久保利通も手がつけられないのは、全国の士族は国民の五パーセント程度だが、薩摩藩は四人に一人、すなわち二五パーセントが士族であるためだ。支藩の都城《みやこのじょう》に至っては、二人に一人が士族となる。この膨大な士族を統率するのが、いまや西郷の急務である。

西郷隆盛は将来、日本の独立が危うくなる場合に備えて、賞典学校の拡充に励んだ。士官学校のみならず、篠原国幹の監督する「銃隊学校」(旧近衛歩兵五〇〇〜六〇〇名)、村田新八《むらたしんぱち》監督の「砲隊学校」(旧近衛砲兵約二〇〇名)を設置して、軍事や漢学などを講じた。元イギリス公使館付医師ウィリスを招いて鹿児島医学校を設立し、赤レンガの附属病院も設置した。

旧陸軍教導団は「吉野開墾社」に収容した。もともと薩摩藩の城下外の下士は、屯田兵《とんでんへい》と変わらない。開墾の農作業もしたので、これを事業形式にした。これらの諸学校を含めて「私学校」と称する。

県内各地に私学校の分校が設けられて、定期的に本校に集まった。すべてを統制するのが西郷隆盛の巨大な眼力で、県庁職員・区長・戸長・警察幹部などは私学校幹部が占めた。弾薬も自前で製造する徹底ぶりで、鹿児島県は独立国家の様を呈した。

西郷隆盛は鹿児島で孤立したわけではない。東京の評論新聞社が国内外の政情を伝えてくる。藩政改革で薩摩にも開放的な娯楽も生じた。かつては薩摩領内の芝居は御法度《ごはっと》で、厳禁されていたが、御一新後は芝居が許可された。それは最大の娯楽で、芝居は連日、押すな押すなの人気で、鹿児島県民が挙《こぞ》って芝居に明け暮れた。その芝居とは、どのようなものか。しっかり密偵に報告されている。

「鹿児島市内に大門という街あり。ここで一つの能芝居を許す。観客は百を越える人気ぶりだが、その芝居を見ると古風にして迂遠なり。ゆえに同じ芝居を長崎で真似れば、観客は一人もいないと保証できる。鹿児島県下を徘徊する書生の輩《やから》の吟声《ぎんせい》（詩吟の声）を聞くに『勇略主に振るう者は身危うく〜功天下を覆うは亡ぶ〜』と同県すこぶる不平の輩の頓集するところで、あたかも武装兵野に満ちる」（河野弘善『西南戦争探偵秘話』）

これは長崎県の四等巡査の鹿児島潜入報告である。長崎県令・北島秀朝《きたじまひでとも》は旧水戸藩士で、岩倉具視の腹心なので、密偵を放った。のみならず、内務卿・大久保利通が放った国事警察の密偵も鹿児島に潜入し、状況を監視していた。旧権力を武力で奪った者は、権力が土崩瓦解することに怯《おび》え、監視を怠らないのである。

台湾出兵で死んだ数百人

西郷隆盛が鹿児島に帰った翌年（明治七年）、大久保利通は、琉球民を殺害した台湾への出兵を許可する。これには「極東の平和を乱す」と英米公使から苦情が出た。結局、軍艦を使用できず、長崎から民間船を使用して強行した。率いたのは西郷隆盛と不和になった弟の西郷従道である。

西郷隆盛はわれ関せずで、一八七四（明治七）年に台湾出兵の志願兵募集に鹿児島へ帰郷した海軍省四等出仕・伊集院兼寛《いじゅういんかねひろ》を「鉄面皮」と酷評した。

西郷従道は兵三〇〇〇を率いて、五月二二日、台湾社寮《しゃりょう》港に全軍を集結させた。ただちに行動を開始し、六月三日には先住民地区をほぼ制圧した。わずか一〇日程度の軍事行動で、戦死者一二名だが、風土病マラリアのため五六一名が死亡した。

清国は日本に撤兵を要求したので、八月、参議・大久保利通が清国に渡り、台湾先住民が琉球漁民を殺した見舞金（撫恤金《ぶじゅつきん》）五〇万両を受け取ることを条件に撤兵を決めた。

鹿児島のウィリスの書くところでは、台湾から長崎に帰国した薩摩兵四〇〇〇名のほぼ全員がマラリアの高熱に苦しみ、航海中に一一名が死亡した。わずか八円の給付金で放り出されたので、帰郷の資金にも足りず、たとえ帰郷しても家族は看病で困窮《こんきゅう》するだろう、と暗澹《あんたん》たる心境で記す。ウィリスの鹿児島医学校附属病院は、マラリアの薬キニーネを大量に処方したが、その薬代も政府からは支払われないことに憤慨した。清国からの五〇万両は「見舞金（撫恤金）」に使われなかった。これでは、ゆすり目的の出兵である。

翌一八七五（明治八）年、朝鮮王朝は高宗の親政で、対日姿勢を軟化させた。政策転換で、釜山の東萊府《とんらいふ》使は三月、初めて大日本公館に駐在する森山茂と副官の広津弘信を招いて饗宴《きょうえん》を開いた。吉岡弘毅が予測した日朝関係が「氷解する時期」の到来である。

これを森山と広津は、朝鮮側の「弱腰」と解釈して報告したので、この機に乗じて太政大臣・三条実美が、江戸時代の朝鮮通信使を復活するように求めた。

東萊府使に対して大日本公館の森山と広津は高飛車《たかびしゃ》に振る舞い、その提出した文書も朝鮮王朝を属国扱いした。朝鮮政府は文書を突き返して、再び態度を硬化させた。

政府の書簡が嘉納《かのう》されると思っていた森山茂は、拒否されたことを知ると四月、広津弘信を帰国させて朝鮮外交打開策のため「軍艦と軍隊派遣」を寺島宗則《てらしまむねのり》・外務卿に上申した。これが教科書で知られる「江華島事件」の発端《ほったん》となる。

入念な計画で江華島事件に

寺島宗則外務卿は、三条太政大臣と岩倉右大臣の許可で、密かに海軍大輔・川村純義《かわむらすみよし》を交えて政府内部で検討した。西郷の「朝鮮遣使」を否定したので、ことは極秘に進行させた。研究書によっては、参議・木戸孝允も参加している。

川村海軍大輔は薩摩閥なので内務卿・大久保利通も知っている。米国海軍から朝鮮海域の海図まで入手する綿密さで、政府の法律顧問ボアソナードに国際法上の相談もして、入念かつ極秘裏に軍艦派遣計画をした。これこそ「征韓論」である。

密かに軍艦「雲揚《うんよう》」（艦長は海軍少佐・井上良馨《いのうえよしか》）、「第二丁卯《ていぼう》」（艦長は海軍少佐・伊東祐亨《いとうすけゆき》）、「春日《かすが》」の三艦の釜山派遣を決定した。海軍卿の勝海舟は反対だったようで、事件計画時の一八七五（明治八）年四月二五日、「依願免官」を叩きつけた。謀略としかいえない。

三艦は同年六月二二日、突然、釜山港に入港して、抗議する東萊府訓導に森山茂は、「交渉督促のため来航した」とだけ答えた。日本側は釜山周辺で発砲演習を繰り返したが、威嚇《いかく》射撃である。ここから海軍や政府の記録は曖昧となる。

「雲揚」「第二丁卯」は、釜山から威嚇発砲を繰り返しながら、朝鮮半島西海岸を北上した。この狼藉が江華島事件に至る。

江華島事件の報で、駐日英国公使パークス卿は、怒りで満面朱《しゅ》を注ぎ、寺島外務卿を呼びつけて説明を求めた。寺島が江華島事件の経緯《いきさつ》をパークスに説明した。

「えー、九月二〇日、『雲揚』と『第二丁卯』は、旅順湾を航海して水不足となり、それで漢城（首都ソウル）に近い仁川付近の江華島で、端艇《たんてい》（ボート）を降ろし、水を求めようとしたところ、江華島の砲台から発砲されたので、艦砲で反撃した。砲台への水深が浅いので、沿岸に端艇を近づけることができず、上陸占拠は諦めて、反転して引き揚げ……」

まったく要領を得ない説明で、端艇を降ろして何をしたかも曖昧で、「春日」が釜山で発砲したことにも触れない。日本側の記録は、はなはだ不分明かつ模糊としている。

江華島での国際法上の海賊行為

朝鮮側の記録は明瞭である。軍艦「雲揚」は端艇を降ろし、江華島の草芝鎮砲台、永宗鎮砲台、さらに奥まで侵入して挑発した。「鎮」とは城である。

日本軍艦「雲揚」の傍若無人《ぼうじゃくぶじん》な遊弋《ゆうよく》に朝鮮側から発砲したが、射程七〇〇メートルの旧式大砲なので届かない。ゆうゆうと英国製軍艦「雲揚」は進み出て、端艇を収めると、一時間半にわたって江華島の砲台を猛射した。

その後、いったん「雲揚」は洋上に退いて昼飯を食い、再び午後二時半頃から江華島に接近し、草芝鎮砲台を集中砲撃した。

艦砲射撃中、三十余名の日本の陸戦隊が上陸し、草芝鎮城外にある五〜六軒の民家に放火した。「雲揚」の砲撃で燃える城から脱出する兵を陸戦隊が次々と狙撃するので、砲台から海に飛び込む者もいた。

朝鮮側記録は、「死者溺死者《できしししゃ》多し、その数を知らず」と惨状を記す。城内に突入した陸戦隊は約四〇名を殺害し、捕虜を使役して大小銃砲三七門を分捕《ぶんど》り、夜の一二時に「雲揚」に引き揚げた。

これでは寺島外務卿もパークスに詳細を説明できない。国際法上の海賊行為である。

ペリー提督の故智に倣う朝鮮開国

江華島事件の報は、九月二八日の夜半に政府に届いた。予定の行動なので翌日の木戸や大久保を含む閣議は、釜山の日本人保護を名目に、軍艦派遣を決定した。すでに法律顧問ボアソナードから、国際法上の開戦条件は朝鮮側から発砲した場合、と確認している。江華島事件は開戦条件の既成事実作りだった。

派遣艦隊の中牟田倉之助《なかむたくらのすけ》少将率いる「孟春《もうしゅん》」「春日」は、一〇月二七日に釜山港へ入港したが、礼砲を一三発ずつ発射して、釜山の老幼婦女子が山に逃げ込む「砲艦外交」を行なった。

その後、儀仗隊が釜山の草梁倭館（大日本公館）に入り、さらに陸戦隊も上陸した。この陸戦隊五八名は草梁倭館を出て、釜山鎮へ向かって突撃し、これを阻止する朝鮮側官憲を発砲と銃剣突撃で突破した。朝鮮側に重軽傷者一二名を出したので、朝鮮側官吏は陸戦隊の中牟田指揮官に懇請し、これをなんとか停止させた。朝鮮側が武力にどの程度抵抗するかを瀬踏みしたという。

江華島での「雲揚」の海賊行為を、日本政府は、非は先に砲撃した朝鮮側の不法攻撃と天下に鳴らして損害賠償を求めた。挑発の事実を隠し、各国駐日公使の諒解を得るためである。

寺島外務卿は駐日米国公使ビンガムに次のように語った。

「日本の目的はペリー提督の故智に倣う朝鮮の平和的開国である。銅は日本より輸出しているが、朝鮮には鉄鉱や金鉱がたくさんあるはずである」

まさに朝鮮併呑であり、国学者流の『日本書紀』の完結どころか、実利を狙っていた。「未来志向の日韓関係」のためには過去を直視しなければ、未来は砂上の楼閣もしくは蜃気楼と化す。歴史的事実の共有なくして未来の構築はありえない。

交渉団の全権は陸軍中将・黒田清隆、副全権は井上馨で、軍艦六隻と兵八〇〇を率いて、朝鮮に「修好条約」を無理矢理締結させる。その間、釜山では軍艦「春日」が砲撃演習で脅し、談判失敗に備えて山県有朋の陸軍が下関に待機する入念さである。

一八七六（明治九）年二月、不平等だらけの条約「日朝修好条規」は締結された。この不平等条約で、日本の商人が朝鮮に殺到したのはいうまでもない（姜在彦『朝鮮の攘夷と開化』）。

当初は長州藩の巨頭・木戸孝允が「朝鮮に赴く」と決めたが、内定直後に脳溢血《のういっけつ》で半身麻痺となり、薩摩閥・黒田清隆全権と長州閥・井上馨副使の派遣となった。

鹿児島で西郷隆盛は歯嚙みしたにちがいない。

ロシアの不干渉を知って朝鮮侵出

江華島事件は一八七五（明治八）年九月二〇日に起きたが、西郷は一〇月八日付の篠原冬《とう》一郎《いちろう》（国幹）への書簡で、猛烈に政府を論難している。

「交渉がまったくおこなわれず、日本は人事を尽くしがたい国と同じであるようなやりかたで戦端を開いてしまった。遺憾千万といわなければならない」

かなり詳細に江華島事件の実態を把握して西郷は激昂《げっこう》した。文中の「人事を尽くしがたい国」と思われたくないゆえ、西郷は朝鮮遣使を志願したが、陰謀で実現しなかった。つづけて、

「わが国のとった態度は、ただ先方を軽蔑しているに過ぎない。先方が発砲したから当方も応じて発砲した。これでは、これまでの交際からして天理に恥ずべき行為である」

と西郷は政府を唾棄する。新政府の顕官から朝鮮蔑視《べっし》が始まったことが分かる。西郷は武人だけあり、「なぜ発砲するのか糺《ただ》す」こともなかったことを難詰《なんきつ》した。ボアソナードの国際法より西郷の「天理に恥じず」のほうが誠実で、次のように結論する。

「道を尽くさず弱い者を侮り、強いものを恐れる心から起こったものと考えられる。（中略）政府がすでに崩壊の危機にあり、いかようにもなす術策が尽き果て、この戦場を得るこ

とによって内の憤怒が迷い出たものであるかもしれない。いずれにせよ、これは術策のうえから起こった事件であると考えられる」

これは「朝鮮王朝を侮り、ロシアを恐れる心」の意味で、ロシアの朝鮮不干渉の意思を知っての新政府による悪質な朝鮮侵出である。江華島事件を明治政府が企てた「謀計」であることを、西郷は、鹿児島で喝破《かっぱ》した。政府内部の実態を見定めた重要な文言《もんごん》で、西郷の人となりも読み取れる。どこに西郷が「征韓論者」といえる根拠があるのか。

この西郷隆盛の手紙の内容、あるいは類する発言を、内務卿の大久保利通は入手したにちがいない。明治の郵便制度は怪しいもので、政府高官は「暗号表」を使って手紙のやり取りをするほどだった。密かな検閲と監視で筒抜けなのである。

西郷隆盛の痛憤を知った大久保利通らは、次にすることが決まった。

西郷と薩摩士族を挑発する政府

かつて一八七六（明治九）年の秋の閣議で、「熊本神風連」「萩《はぎ》の乱」「秋月の乱」と一連の士族反乱の対策を論じたとき、「鹿児島の海軍武器・弾薬庫も撤収すべき」との議論があった。

その席で、薩摩出身の海軍大輔・川村純義は色をなし、

「軽々《けいけい》に鹿児島の弾薬を大阪へ移送すれば、薩摩士族を刺激して暴動になりかねない」

と強硬に反対した。

鹿児島弾薬庫の弾薬移送が薩摩士族を逆上させることを、政府は十分に分かっていた。この事実は見逃せない。鹿児島弾薬庫の弾薬は、薩摩士族が自前で準備したもので、私学校党の所有物である。それを大久保利通もよく知っている。

薩摩士族への刺激を知りながら、一八七七（明治一〇）年一月の閣議で、「鹿児島の弾薬庫の撤収」を決定した。政府は西郷と私学校党の薩摩士族挑発を決定したのである。

大久保利通以下の薩長閥高官は、江華島事件から「日朝修好条規」に至る一連の事件について、私学校党の反応を見た。黒田清隆に命じ、西郷腹心の桐野利秋へ書簡を送らせた結果、桐野は返信で、こう落胆していた。

「大先生（西郷隆盛）の外患あるの機会を待つとの事、その説古し」

これも大久保利通に伝えられ、伊藤博文にも転送された（『大久保利通文書』）。西郷のいう「外患」を桐野が正確に理解していたとは思えない。朝鮮への武力による恫喝《どうかつ》外交は「外患」ではなく「外征」である。

それでも私学校党の士気は低下したと大久保と伊藤は判断した。岩倉具視は閣議で、長崎県四等巡査からの年末の鹿児島城下の様子を報告したと思う。長崎県の四等巡査は、鹿児島城下の警戒が厳しく、商船の船主に化けて鹿児島に潜入した。その報告はこうだ。

「鹿児島県内、阿久根《あくね》、川内《せんだい》、鹿児島への道中、鉄砲や刀を護持した壮士が十名、二十名と連れ立って横行し、さながら戦時のようである。（前年）十一月十一日に鹿児島士族およそ二千余人が銃や刀を所持して城下私学校に集まったのは、知人の私学校党の話では、西郷大将上京につき随行のためという。これは解散した。近頃聞いたところでは、天機（天皇のご機嫌）伺いと来る三月頃上京と言う者あり。信じられぬ事ともいう」

何度も「西郷隆盛上京」との噂が流れ、「三月頃天機伺い」の報告は、岩倉も大久保も背筋が凍る思いがした。一月六日付の密偵からの報告には、こうある。

「旅宿した商家の主人は商用で他出とのこと。夜中に寝床で耳を立てたら、台所の方に近隣の若い女房が一、二人訪れて、女同士で密談するには、『夫から手紙が来ないので心配している』『弾薬製造は秘密中の秘密で門外出入りを禁じる。それで手紙が送れないにちがいない』『わが夫も東京までお供する否《いな》や』『いずれ西郷様の考えによる』。この宿は市来《いちき》港という所で、鹿児島より八里（約三二キロ）隔たる。夫たちが徴発されて従事する場所は鹿児島私学校辺のはずである」

密偵の報告はどれも西郷隆盛の武装上京を伝える。政府は事を急いだ。一月下旬には三菱の汽船「赤龍丸」が鹿児島に派遣され、陸軍草牟田弾薬庫の銃砲・弾薬の接収を開始した。

西郷暗殺団はすべて薩摩人

すでに一月半ばにには、鹿児島市内に、警視庁の川路利良《かわじとしよし》大警視が派遣した二〇名の警視局警部・巡査が、学生や「評論新聞」記者を装って潜入していた。海老原穆《えびはらぼく》の「評論新聞」は私学校党の東京支局であることを、川路大警視は見抜いていた。「評論新聞」記者は、西郷隆盛に最も近づきやすい肩書だが、一年半前から「中外評論」と改題している。

二〇人の警視局探偵団の任務は、私学校党の内部分裂への工作、西郷隆盛暗殺である。川路に命令したのは、警視局を管下に収める内務卿の大久保利通しか考えられない。桐野利秋が意気阻喪し、私学校党は士気低下と判断している。

この警視局探偵団の「西郷刺客説」は、「西郷視察」と「西郷刺殺」を混同した噂に過ぎないとされる。視察なら、鹿児島市内には熊本県人吉《ひとよし》警察署の巡査も潜入し、岩倉具視の腹心の命令で、長崎県警察の四等巡査も潜入「視察」している。既に監視はされているうえ、新たに東京警視局から二〇名も「視察」で潜入するのは不自然である。やはり「刺殺」の使命を持っていたとしか考えられない。二〇名は命を賭けた盟約までしていた。

すると私学校党は、東京巡査を次々と逮捕、拷問《ごうもん》し、やがて西郷暗殺を自白させたという。断定できないのは、後の調書では、薩摩側も政府側も互いに都合の悪い部分を改竄して、真実が藪《やぶ》のなか、となったからだ。

西郷を蛇蝎《だかつ》の如く嫌う島津久光でさえ、「西郷暗殺計画」を認めて三条実美・太政大臣に仲裁を求めたが、黙殺された。三条の黙殺が雄弁に語る。決定事項なのである。

注目すべきことは、西郷嫌いの島津久光が何の裏付けもなく「西郷暗殺計画」を信じるわけもない。一八七四（明治七）年に左大臣となり政府に列したおり、「西郷の参議追放」を唱えたほど「地ゴロ」の恨みが消えない人だった。側近の者たちに、政府の薩摩閥から真偽を確かめさせたはずである。

大久保内務卿以下、川路大警視など、「西郷暗殺団」は全員、薩摩人だった。西郷嫌いの久光が「西郷暗殺計画中止」の仲介を三条実美に依頼したことほど、中立的な証拠はない。

フランス式文民統制の西郷陸軍

最初に三菱汽船の「赤龍丸」の草牟田弾薬庫の接収を私学校党員が発見したのは、一月二九日である。私学校生徒が駆け付けて、弾薬は奪回された。

次いで私学校党員は、磯《いそ》の海軍造船所にも駆け付け、弾薬も奪回した。「赤龍丸」は四〇函の弾薬しか接収できなかったが、薩摩士族の挑発には充分だった。三〇日には一〇〇〇名以上の私学校生徒が鹿児島市内に押し寄せ、沸騰した。

その頃、西郷隆盛は大隅半島の小根占《こねじめ》でウサギ狩りをしており、弟の小兵衛《こへえ》が息切らせて急報した。西郷は「しまった」と絶句したという。急いで西郷が自宅に戻るのは二月三日で、私学校生徒に、「おはんら、何ちゅうことをしでかしたか」と叱《しか》りつけた。これも政府に抵抗する気がなかった証拠の一つである。

この日、三菱汽船の「赤龍丸」は鹿児島湾を脱出する。私学校党は西郷に、警視局の「暗殺団摘発」(東獅子狩)をはじめ、縷々《るる》説明したはずである。

思えば西郷も、政府に対し糾明したいことが多々ある。長州閥の私利私欲の政治、朝鮮への武力行使、江藤新平をはじめ士族の叛乱で裁判での弁論も与えぬ処刑、天皇を隠れ蓑にした大久保と伊藤を筆頭とする薩長閥の専制政治と放縦な私腹を肥やす振る舞い。「公議公論」の御一新の大義は滅び、薩長幕府に変わったに過ぎない。それでも黙し、鹿児島で殖産興業と富国強兵に励む自分を、「なぜ、目の敵《かたき》にするのか」——。

西郷は自問自答せざるを得ない。いまこそ「天理に恥じる外交」をする政府を訊問《じんもん》すべきではあるまいか。若い陛下を騙す謀略は、陛下の御名声に関わるので甘受《かんじゅ》したが、もはや政府の理非曲直を糺さなければならない。それこそが陸軍大将の任ではあるまいか、と。

通説では、私学校党の生徒に西郷は「この命を差し上げよう」と答えたとされるが、西郷は士族の叛乱に加担したこともなければ、それを庇ったこともない。ましてや内乱など討幕の大義を失うので考えもしなかった。各地に檄を飛ばせば、政府は瓦解したに違いないが、それを防ぐため、西郷が手がけた陸軍はフランス式「文民統制」の軍隊なのである。西郷の上京は本当に挙兵なのか——根本的な疑問を持つ。その視点から史料を読むと、驚くべきことが浮かび上がる。

西郷を殺すのが狙い

西郷が上京を決意したのは二月七日である。県令・大山綱良に通路の諸県宛の通行許可文を依頼した。大山県令に提出した文章は、「今般、政府へ尋問の廉《かど》これあり。明日〇〇（期日未定で空欄）当地発程いたしますので、ご承知頂きたくお届けいたします。ただし旧兵隊の者どもが随行いたしますので、多数の人数となりますゆえ人民動揺いたさぬように一層の保護をご依頼いたします」

文章は西郷も眉を寄せる出来の悪さだが、明白に檄文とはちがう。沿道諸県への通行報知に過ぎない。西郷陸軍大将に従うのは旧兵隊で、身分からして不法な行為ではない。そもそも法律も整備されていなかった。

西郷隆盛・陸軍大将の通路には熊本鎮台があり、司令官の谷干城《たにたてき》は少将なので、通行を阻めば上官への不服従となる。明治天皇の勅命と文民統制を西郷が疑わなかったとしたら、局面はガラリと変わるのである。

「薩摩軍、鹿児島を発す」の報を受けた同日の大久保利通の書簡は、「朝廷不幸の幸いと密かに心の中に笑いを生じるぐらいです」と得意げに伊藤博文に書き、こう続ける。

「西郷はこの一挙には同意せず、たとえ一死をもってするともやむを得ず雷同したとしても、江藤や前原のごときと同じ轍《てつ》は踏むことは決してありません」

この大久保利通の文言は、一般に薩摩軍の挙兵に西郷は参加しないと解釈されるが、私学校党と西郷の関係を熟知する大久保の文章だけに、多様に解釈できる。江藤新平も前原一誠《まえばらいっせい》も逃亡して捕らえられて斬首されたが、西郷は「同じ轍を踏まず」とは「自刃」を意味する。あるいは大兵力で西郷を抹殺する大久保の決意、と読むこともできる。

西郷が上京を決意して鹿児島県令・大山綱良に通告したのは二月七日だが、熊本県経由で長崎から電信で東京に伝えられたのは二月八日か九日と思われる。大久保内務卿下の東京警視庁は、その二月九日夜、東京の巡査が動員されて熊本に向かっている。この手回しの良さは疑われても仕方あるまい。通告だけで、西郷は、まだ鹿児島を動いていない。

警視第四方面第二分署本郷区森川町の喜多平四郎・三等巡査の『征西従軍日誌』は、森川町の巡査だけでも二五人が召集され、翌日には横浜から神奈川丸で九州へ向けて出航したとする。横浜で乗船した東京巡査六〇〇名を前に、一〇日の昼に訓示したのは、川路利良大警視である。

川路大警視は陸軍少将に任じられて、東京巡査隊は別働第三旅団を名乗る。明白に警察行動ではなく軍事行動といえる。警察が陸軍に一転するのは奔放どころか乱脈の一語に尽きる。

西郷軍の抜刀斬り込みに苦慮した政府は、士族の「警視庁抜刀隊」を編成——とは噓八百である。あらかじめ東京巡査が「薩摩軍動く」の報で動員されて待ち構えた。用意周到な待ち伏せだった。陸軍大将・西郷隆盛を通過させる気は、政府には毛頭ない。西郷の通行告知は無視し、最初から阻止である。

明らかに薩摩士族を挑発して西郷を殺すのが狙いだった。

西郷隆盛の出発で集った三万人

士族の東京巡査隊に出動命令が下ったのと同じ九日の正午、西郷の親戚でもある川村純義・海軍大輔と内務少輔・林友幸《はやしともゆき》が、軍艦「高尾」で鹿児島港に入った。上陸が難しいので大山綱良・鹿児島県令を艦内に招いて会見し、西郷隆盛への会談斡旋を依頼した。

西郷は了承して会談に応じようとした。「訊問の廉（事柄）」があるからである。それを阻止したのは桐野利秋で、「事はすでに決しています。いまさら川村に会うの要がありましょうや」と譲らない。

歴史家は動脈硬化の嵩じた西郷が短気となり、出兵して死地を求めたというが、絶望で鬱《うつ》状態だったのは、桐野のほうではあるまいか。西郷は本気で陸軍大将として「政府に訊問すべき廉」があり、川村純義らとの会見を厭《いと》わなかったのである。

川村純義の軍艦は、壮士たちが小舟で取り巻き乗っ取る騒ぎとなり、もはや鹿児島湾から退去するほかなかった。

通説では、大久保利通は西郷と雌雄《しゆう》を決したくなかったので自ら勅使を志願したが、岩倉具視に「もはや時期を逸した」と退けられた、とある。岩倉の「時期を逸した」の言葉は不可解で、天皇に内奏して「薩摩軍団討伐の勅命」を賜るのは、もっと後になる。

陸軍大将・西郷隆盛が通行通知が出した翌々日には、東京巡査隊が動員される戦備の急速さは、勅命なくして軍隊を動かしたことが明々白々である。

この一八七七(明治一〇)年当時、長崎から東京間は電信が通じており、鹿児島県知事の通牒《つうちょう》が長崎に届き、電信で即、政府・内務省へ伝えられたと思える。

警視庁の川路大警視の独断で、六〇〇名もの巡査を神奈川丸で急派することはあり得ない。大久保内務卿と予《あらかじ》め段取りができていたと思う他ない。巡査六〇〇名の選抜、配置先、雇船《ようせん》、武器弾薬の準備、船中の食料など、即日に手配できるものではない。旧川越藩士の警視局第四方面本郷森川町の喜多平四郎三等巡査らが横浜港から熊本へ向かったとき、まだ西郷隆盛は鹿児島にいた。

陸軍大将の軍装に身を固めた西郷隆盛が、鹿児島県士族一万三〇〇〇人を従えて出発したのは、一八七七（明治一〇）年二月一七日だった。数十年来の大雪の日である。既に警視局の喜多平四郎三等巡査は、熊本城に着陣していた。

西郷の一行は大砲を含む兵器を携えて熊本県に入ったが、途中で宮崎県と熊本県士族が隊を成して合流し、その兵力三万人となる。

西郷隆盛に随行する薩摩軍は一ヵ月分の旅費しか与えられていない。予算不足といえばそれまでだが、無事通過できれば充分な旅費でもある。あるいは、孝明《こうめい》天皇二〇年祭祀《さいし》で明治天皇が行幸《ぎょうこう》中の京都を目指していたのかもしれない。西郷隆盛は、幕末の吉之助時代からの戦略家で、兵へ気配りの広い人物である。それなりの計算があったと思われる。

朝廷に弓を引く気はまったくない

熊本鎮台司令官の谷干城は、兵に命じて熊本城下を焼き払った。軍事用語で「射界の清掃」と呼ぶ。城下に侵入する敵兵の動きを見やすくするためである。

鎮台兵の放火で炎が次々と上がり、家財道具を荷車に乗せて逃げる者もあれば、身一つで逃げる者もいて、熊本城下は避難住民でごった返した。阿鼻叫喚の巷である。鎮台兵の組織的放火だが、補償費の観点から政府は、後に「兵火」と強弁する。城下民は焼け損である。

熊本鎮台司令官、土佐の谷干城少将は、西郷もよく知る。陸軍少将なので、大将の西郷の通行を阻止するのは上官への抗命罪だが、抵抗を躊躇した形跡はない。政府からの命令があったに違いない。やがて城下の火災は熊本城の天守閣をも炎上させた。

これを見て、「おのれ熊本鎮台！」と切歯扼腕した旧熊本藩士がいた。元馬術師範の中津《なかつ》大四郎《だいしろう》である。中津は弟子四〇名を集めると組織的に熊本鎮台の米穀を掠奪し、混乱のなかで味噌・醬油《しょうゆ》なども確保し、西郷軍の来襲を待った。この四〇名が西郷軍の熊本城攻めの兵糧《ひょうろう》を支えることとなる。土佐出身の谷干城は、城下士族の一部を敵に回したのである。

「谷が城下を焼いて籠城《ろうじょう》する気なら熊本は通過できまい」と、西郷はつぶやいたともいう。

熊本鎮台・谷干城少将の好戦的で思い込みの激しい性格を西郷はよく知っており、「西郷挙兵」と谷が勘違《かんちが》いしたと思ったのかもしれない。熊本城の抵抗を政府軍の軍事行動とは思わなかったとの解釈も成り立つ。

西郷の時代の陸軍はフランス仕込みの文民統制で、勅命が出るまで動かないと信じた節もある。「谷は生け捕りにせよ」と西郷は命じたが、文民統制を破った軍律違反の証人にする気とも考えられる。事実、勅命もなしに政府は、熊本鎮台の兵を動かしたのである。

西南戦争の熊本城攻防戦の戦闘が始まったのは二月二一日だった。その翌日、熊本城を北東二キロ強に望む花岡山の登り口「春日村」で、駆けつけた熊本士族と西郷は面会した。冒頭で西郷は両手を地に突いて深々と頭を下げると、

「今回のことは、ひとえに貴県を煩《わずら》わします。誠に申し訳なく、言葉がありません」

と丁寧に謝ったという。

この言葉と姿勢は西郷の人となりを示す。城下を焼いてまで熊本鎮台が籠城するとは思ってもいなかった。西郷は「政府に訊問の廉あり」だが、明治天皇には忠実で「朝廷に弓を引く」気はまったくない。西郷が朝敵となる第一報は「田原坂《たばるざか》の戦い」の最中である。

田原坂の戦いで朝敵を実感して

田原坂は熊本北方から市内へ通じる山腹の道である。

西郷軍が鹿児島を出発した約二週間後、熊本城攻囲中の三月四日に「田原坂の戦い」は勃《ぼっ》発《ぱつ》した。北九州・小倉《こくら》から駆け付ける第一・第二旅団を、田原坂の高台に布陣した西郷軍が狙い撃ちした。小倉から出陣した乃木希典《のぎまれすけ》陸軍大佐が連隊旗を奪われるほどの激戦となる。

山県有朋中将の陸軍は二月二二日に博多着なので、小倉の連隊の動きは遅かった。大久保の内務省と陸軍動員の時間差は、西南戦争の「真実」を解くカギかもしれない。

田原坂で政府軍とは一進一退の攻防戦で、飛び交う銃弾を恐れ、近所のある農家の主人は便所に閉じこもったが、それでもなお弾丸が板壁を撃ち抜いて、頭部に命中して死んだ。その熾烈《しれつ》な戦闘中の三月一二日、大山県令から西郷の陣へ急報が届いた。

「西郷隆盛追討令が出た」という衝撃的なものだ。

勅使の柳原前光《やなぎはらさきみつ》が海路で鹿児島に到着し、桜島に避難中の島津久光に鎮撫《ちんぶ》を要請したという。その急報を読んだ西郷は困惑し、大山県令に返書した。

「私めには内容がよく理解できませんが（下拙、事柄わかり兼候《そうら》えども）」との書き出しで、追討勅使派遣が信じられない。そこで以下のように書いた。

「合戦を幸いに（自分を）暗殺しようとするたくらみ、それを打ち消そうとする悪巧《わるだく》みと見る。（政府が）理非曲直を明らかにしない気ならば、鎮撫もへちまもない。はっきり道理が通らないことをすれば、死んでも筋を立てるつもりです」

あくまでも「政府に訊問」の姿勢である。政府の卑劣さは体験済みだ。

「政府が戦況不利と知って、こちらを油断させる策略にちがいない。決して狸《たぬき》にだまされないことが肝要《かんよう》です」

こう鹿児島の大山県令への返書を結んだ。

勅使の公卿・柳原前光など狸呼ばわりで、偽《にせ》勅使と信用していない。明治六年の政変で、宮中公卿と岩倉や大久保の策謀を知っている。

この書簡を読むかぎり西郷は叛乱とは思っていない。理非曲直を糺《ただ》す正義は自分にあると信じている。西郷は同書簡中で「熊本も六分ほどかたづけ」と戦況判断を誤った。やがて増強する一方の政府軍に敗れ、熊本攻撃四十数日で敗走することになる。

熊本城攻撃の戦線膠着《こうちゃく》から劣勢と転じた西郷は「賊軍」を実感する。若い明治天皇と深い絆で結ばれていた西郷の落胆ぶりは想像を絶する。乱脈な政府を問い糺す。陛下が陸軍大将の地位を解かなかったのは、このためではなかったのか——。

失意から、戦線後方の山中でウサギ狩りに没頭しながらも下痢しつつ、来《こ》し方行《かたゆ》く末《すえ》に思いを馳《は》せた。

鹿児島城下の「女隊」の面目躍如

その頃、鹿児島城下で起きたことは、「女隊」による東京組留守宅への襲撃だった。鹿児島城下にいた浄土真宗「観善寺」住職・立花超玄《たちばなちょうげん》が、次のように書く。

「(明治一〇年三月)二七、八日頃には、留守の婦女子で女隊が結成された。婦人二〇〇人で一小隊、三小隊にもなった。戦死者の夫人や姉妹、老婦、一二、三歳より一五歳までの子供など、それぞれ手に棒を持ち昼夜なく広野に屯し、大久保利通(内務卿)、川路利良(大警視)、奈良原繁《ならはらしげる》(大書記官)など一二、三の留守宅を破壊した。しかも昼は女隊一小隊が市中を徘徊して、巡査を阻止するのでどうにもならない。(女隊は)東京組の官吏の家に乱入し、米や衣類を切り破って池に投げ入れ、柱を伐り倒し、落ちた屋根瓦《やねがわら》は家具とともにすべて棒で叩き割る。『こんな物! ウチの正太郎には替えられぬ!』など叫びながら女隊が棒で粉々にする」

留守邸を破壊するのみならず、巡査を阻止する警邏《けいら》までした。その数、一隊二〇〇名。これを三隊六〇〇名が交代でやる。薩摩オゴジョの面目躍如たるものがある。薩摩藩史家で久光側近の市来四郎の四月一九日付の記録では、以下のように、注釈まで付けている。

「政府官員の留守宅は、次々と破却されるようなので、誰の仕業かを探偵させた。すると出兵した賊の家内の者、婦女子の仕業とのこと。それゆえ破却はたいがい夜中に多いという。婦女子の勢いたるは驚嘆する。艦船よりたまたま上陸した人物も、官軍の人員と見れば、婦女子は必ず尻を捲くるという。これは『尻でも喰らえ』ということに違いない」

わずか一〇日後に政府軍は鹿児島を占領し、官員留守宅破壊は夜間攻撃に変わる。されど薩摩オゴジョの抵抗もボッケモン(大胆な者)である。

この事態は西郷軍が熊本から全面退却の頃だが、留守宅の婦女子は血気旺盛で意気盛んだった。後に東京残留組が上野公園に西郷隆盛像を建てざるを得なかった理由がここにある。

帰郷できないのである。

政府軍は鹿児島県庁を支配下に置き、区長まで政府が任命して、西郷軍の戦死者名など被害の情報を一切、伏せた。すると女隊は、天気が良い日に城下周辺の山や堤に緋毛氈《ひもうせん》を敷いて大宴会を催した。飲めや歌えの騒ぎに群集が四方八方から集まり、雑踏《ざっとう》に紛《まぎ》れて小声で囁く者がいる。「何某は手負い、誰は戦死」……その報で仮埋葬の式が行われたが、この模様を前述の市来四郎が記している。

「数多くの婦女子が日の丸の小旗を捧げて並び、これを送る」

女隊による葬送の儀は「賊軍」意識など微塵《みじん》もない。歴とした陸軍大将・西郷隆盛閣下麾《き》下《か》だから、英霊扱いである。対する政府軍は「菊のご紋章」を掲げるしかないが、旧幕・佐幕藩出の巡査隊は、「またかぁ」である。

薩軍と政府軍たる「東軍」の現実

鹿児島で政府軍は「官賊」「東京巡査」と蔑称された。九州各地の戦場でも「薩軍」と「東軍」と呼んだ。九州で官軍は東京政府の自称に過ぎない。

服装からして両軍は不分明で、明治の錦絵とは程遠い。まだ幕府が倒壊して一〇年である。政府軍の軍装は、士官は肋骨《ろっこつ》付の軍服、革脚絆《かわきゃはん》または長靴《ちょうか》、下士官兵卒は軍服と背嚢《はいのう》

(ランドセル)、そして麻脚絆《あさきゃはん》と短靴《たんか》である。完璧な洋装だが、これは訓練や平時の制服で、この姿で戦闘はできない。実戦となれば命懸けである。

西南戦争の戦場では、洋服は慣れてないからと、軍装など脱ぎ捨てる。まず士官も兵卒も慣れない靴を脱ぎ捨て、草鞋《わらじ》を履《は》いた。草鞋なら素早く動けるし、靴擦《くつず》れも、滑りもしない。帽子もかなぐり捨て、日除け笠を被《かぶ》った。

文明開化の軍服に、まだ体の動きが追いつかない。雨は外套ではなく昔ながらの雨笠や油紙でしのぐ。士官学校教官が落胆する現実で、軍隊とは思えないサムライ仕立てである。

兵士は真っ先に背嚢を捨てた。普段から背嚢は「提灯箱《ちょうちんばこ》」と呼んだほど邪魔で仕方がない。食料は腰に握り飯をくくり付けた。外套は動きやすいように裾をビリビリ切って短くする。これを士官は制止できない。

士官からして派手なボタンと真紅の裏地が目立つので、外套を脱ぎ捨て、腰に吊るしたサーベルも捨て、使い慣れた日本刀をぶっ差した。当然、軍装の規定にはない帯を巻く。

およそ正規軍とは思えぬ姿だが、そうしなければ素早い身動きもならず、敵に後れをとれば命がない。緒戦の熊本籠城戦から鎮台兵は、このスタイルで、戦争最終期の城山包囲戦で、三百五十余人の西郷軍を包囲する五万の政府軍も、その出で立ちだった。

「正装のある者を見ず。軍服まったく形態を失いたり」

そう記録が慨嘆する有様で、壊れた軍帽のみ被る兵もあれば、日除け笠の兵もうろうろしていた。ほぼ全員が草鞋履きである。

対する西郷隆盛率いる私学校生徒は、メリヤスのシャツとズボンに黒脚絆の洋装と来る。こちらのほうが軍隊らしいが、足元を見れば革靴を履く者もいれば草鞋履きもいる。手にするのは旧式の銃と日本刀で、野砲も旧式である。その他の薩摩兵は袴もいれば、背広に草鞋履きまでいる。これでは両軍とも見分けがつかないので、西郷軍は右腕に布を腕章のように巻いた。戊辰戦争の官軍の「キンギレ」を思い出す。

戦場にいるのは兵士だけではない。軍夫と称する人足が法被《はっぴ》に股引き姿で弾丸や荷物を運ぶ。九州の炭鉱夫や農民が賃稼ぎに出たもので、戦場ではこちらの数のほうが圧倒的に多い。むろん軍夫にも容赦なく弾丸が浴びせられて、弾薬を運ぶ途中で被弾・絶命する者が跡を絶たない。混戦で敵陣に取り残されるとスパイの容疑で斬殺される。この軍夫を政府軍は一〇万人（延べ二〇〇〇万人）も動員したが、その犠牲者の数は記録に残さなかった。

戊辰戦争や日清戦争以上の戦死者

明治政府は「西南戦争」の実態の詳細を語らない。政府の戦史は官軍の虐殺行為の記述を避け、鹿児島側の戦記は被害者の名誉に配慮し、結果、どちらも曖昧にしか語らない。語れないのである。

実際は、軍夫でも捕虜でも、政府軍は片っ端から賊と決めつけて斬首した。負傷者への手当ては鹿児島医学校のウィリスの薫陶《くんとう》で西郷軍の医師が篤《あつ》く治療し、戦死者も弔った。

八月一七日、延岡《のべおか》北方の長井村の陣を政府軍に包囲された西郷隆盛は、陸軍大将の軍服を焼き捨てた。もはや陸軍大将が無意味であるという意思表示でもあり、重要な事実である。

西郷は軍服を燃やした時点で、自軍に協力した熊本士族など諸隊に、「進退は勝手」と解散宣言をした。それから西郷は精兵七〇〇〜八〇〇人ほどを選んで、政府軍の包囲網を突破して鹿児島めがけ撤退する。負傷者を延岡の病院に残したが、こう語っている。

「万国公法によって官軍は負傷者を害することはない」

西郷は自分が育てた陸軍の「国際法 遵守《じゅんしゅ》」を信じたが、延岡の病院を襲撃した政府軍は、傷病兵を殺戮《さつりく》した。政府にとって西郷軍は交戦相手ではなく、賊の扱いである。政府は西郷の陸軍大将の身分を無視し、西郷隆盛とその徒党の抹殺を考えたと思える。訊問などして、記録を残したくないのである。

西郷は直接指揮し、終焉の地・鹿児島へ四〇〇キロ以上もの潜行作戦を敢行したが、標高七二八メートルの可愛岳《えのだけ》の警戒網を、返り血を浴びながら斬り抜けて密林へと消えた。西郷軍の可愛岳突破に遅れて政府軍捕虜になった者は、軍夫を含めて三六〇人、全員が斬首された。なぜこのような蛮行が横行したのか理解に苦しむ。

鹿児島城下でも西郷軍負傷者は賊の扱いで、政府軍の銃剣で刺殺された。政府軍は傷病者から事情聴取することもない。女隊のその後も不明である。

驚くべきことに西郷軍は、九月一日、鹿児島の私学校を奪取した。政府任命の県庁職員や新区長は震え上がり、軍艦に走り込む恐慌《きょうこう》状態に陥った。

城山に通じる岩崎谷筋の上級家臣の屋敷に西郷軍は潜んだが、やがて潜伏先の屋敷を砲撃され、弾雨のなか、急いで城山に洞窟を掘って立て籠もる。

城山を含める周辺一帯は、跡形がなくなるほどの砲撃を浴びた。その砲弾の数は七万六〇〇〇発なので、周辺の地形まで変わり、城山の洞窟も一二から五つに減った。

城山籠城の西郷軍はわずか三五〇人で、旧式銃を一五〇丁程度持つに過ぎない。それを五万の政府軍が包囲しながら連日砲撃する。城山を取り巻く攻囲網を十重二十重《とえはたえ》と張り、城山の下にはトンネルまで掘って、政府軍陣地間の連絡を密にした。

わずか三五〇名の西郷軍を、あたかも害虫を駆除するがごとく殲滅しようとする異常さは、疑問を持たないほうが不審である。総指揮官は長州の山県有朋・陸軍中将で、城山の西郷隆盛に切腹を勧告する書簡を送った。情け容赦ない作戦で、西郷を捕縛する気もなく、裁判での弁明も許さない意図が明瞭である。

城山を射程に入れる各陣地から、強力な速射砲が、昼夜を問わず間断なく発射された。新兵器の実験のようにいたぶる。そして冒頭に記《しる》した九月二四日払暁の最期を迎える。

この過程で見えるのは、「西郷隆盛の政府への訊問を防ぎたかった」の一語に尽きる。それだけの理由で薩長同盟政府は、戊辰戦争よりも、後の日清戦争よりも多い史上最多の戦死者と、無辜《むこ》の民の生命と財産を奪った。

国家税収と同じ戦費で西南戦争を

西南戦争での政府軍の軍事費は、陸軍四〇九一万四〇〇〇円、海軍六五万四〇〇〇円で、四一五〇万円を超えた。これは一年の国家税収に相当する。遮二無二《しゃにむに》に西郷隆盛とその一党を抹殺したのである。

対する西郷軍は、わずか総額七〇万円で半年も戦い抜いた。約六〇倍近い潤沢な資金を用いた山県有朋の率いる日本陸軍は西郷軍に翻弄され、その実力を露呈した。

「動員された兵力も六万一〇〇〇人で、北海道の屯田兵を投入しても足らず、警視局の巡査五七〇〇人が参戦した。実際は臨時巡査募集を含めると九〇〇〇人に上る」

一般には、こう説明されるが、戦闘前から士族の警視局巡査は配置に着いている。この戦いは薩摩士族と士族巡査隊の戦いでもあった。戦線膠着の時、岩倉具視が「東北士族を動員せよ」と叫んだほどで、政府が企《たく》んだ士族の殺し合いとあえていう。「警視庁抜刀隊」なる勇壮な美辞もあるが、これも実態を反映していない。東京警視局の喜多平四郎・三等巡査は三五歳の旧川越藩士で、戊辰戦争時は二本差しのサムライだったが、日本刀を腰に差さなかった。銃剣があるので、腰の刀が銃の操作の邪魔になるからである（『征西従軍日誌』）。

政府軍は巡査隊も含め、最新式の射程の長い後装銃で銃弾を浴びせたことが分かる。武器は圧倒的に政府軍が優れているのだが、次に挙げる戦死者の数を見てほしい。

政府軍——戦死者六八五八人／戦傷者九二五二人
西郷軍——戦死者五〇〇〇人／戦傷者一万人

戦死者は政府軍が一八五八人も多い。ただし数字の正確性は保証できない。政府軍だけで一〇万人以上も動員した軍夫の数も入っていないし、民間人の死者や戦病死者も数えられていない。政府軍は軍夫の死者が多すぎて、徴用方法を変えたほどで、想像を絶する死者が出た。政府に訊問しようとした西郷軍をただ通過させていれば、この死者は防げた。

数字を見るとき想像力を失ってはならない。戦死傷者には家族がいる。両軍、約三万一〇〇〇人の親子家族を考えると、家族五名としても、約一五万五〇〇〇人もが悲嘆に暮れた。友人、縁者を含めれば数十万人の悲劇である。

政府軍の戦死者の扶助金《ふじょ》は年間四〇円。月給七円でなんとか独身男が生活できる時代だから、毎月約三円三〇銭では、五人家族の働き手なら遺族は路頭に迷う困窮状態となる。

戦後は、撤収する政府軍をコレラが襲い、陸路・海路とも帰還兵に無数の病死者を出したが、病死者に扶助はない。その過酷さは、筆者の住む横須賀市内の墓標にも見える。凱旋《がいせん》の船中で病死した巡査と兵士五一名の墓標が、官修墓地の草むすなかに建っている。

帰国の船中、コレラで病死したもので、兵士は徴兵の平民が複数いるが、巡査はすべて士族で、宮城県が最多、栃木県、神奈川県、新潟県、静岡県士族が続く。いずれも没年一九歳、二〇歳と若く、奥羽越《おううえつ》列藩同盟や旧譜代諸藩・幕臣の子弟と思われる。賊軍の子弟は、巡査となって命を賭けなければ、思う学業や職業に就くのもままならなかった。

近年、コレラで戦病死した越後高田の巡査の遺族が、初めて横須賀市浦郷町《うらごうちょう》の官修墓地を訪れて曽祖父《そうそふ》の墓参りをした、との記事を読んだ。病死者については、一三〇年以上も、その埋葬地すら詳細に伝えられていなかったことが分かる。

西郷死して大久保を殺す

一八七八（明治一一）年五月一四日の朝、出勤前の内務卿・大久保利通は、訪問者の福島県権令《ごんれい》に抱負を語った。

「戊辰（明治元年）から明治一〇年までは戦争に明け暮れた。いまからの一〇年間は、第二期だ。もっとも重要な時期だから、国家のために尽力したい」

それから出勤した。大久保の生活は判で押したように正確だった。午前八時過ぎに二頭立ての馬車で永田町の私邸を出て、赤坂仮皇居にある太政官に向かう。

馬車に揺られながら大久保は、旧尾張《おわり》藩邸、紀州藩邸、彦根《ひこね》（井伊《いい》）藩邸の跡を通る。かつての大名屋敷は庭木も伐採されて、茶畑と桑畑が広がる閑散《かんさん》とした一帯で、馬車が紀尾井《きおい》坂へ差しかかったとき、物陰から走り出した者がある。石川県民、脇田巧一《わきたこういち》である。

脇田は手にした長刀を一閃《いっせん》、馬の脚を斬り、どーっと馬が崩れると、鞭《むち》で抵抗する馭者《ぎょしゃ》をも斬り倒した。馬車が止まると、数人の男が抜刀して取り囲む。馬車から出ようとした山高帽子とフロックコートの大久保利通は、突然右腕をむんずとつかまれた。

「無礼者！」と大喝するも大久保は馬車から引きずり出された。大久保の右腕をつかんで動かさないのは旧加賀藩士の島田一良《しまだいちろう》で、その右手には太刀《たち》が冷たく光る。思わず大久保は左腕で頭を防御したが、島田は渾身の力で右手の刀を振り下ろした。その一撃は大久保の左腕もろとも眉間《みけん》から目の際まで斬り下げた。左腕と頭部が真っ二つである。

それから長連豪《ちょうつらひで》、杉本乙菊《すぎもとおとぎく》、杉村文一《すぎむらぶんいち》、浅井寿篤《あさいとしあつ》らは、大久保利通を両腕が離れるほどズタズタに斬り裂いた。島田は短刀で大久保の首を横から刺し貫いて、それを残した。時ならぬ騒ぎに駆け付けた巡査に、脇田巧一以下、犯人たちは、抵抗もせず腰縄を打たれた。確信犯である。島根県士族の浅井寿篤をのぞけば全員が石川県民、脇田の他は旧加賀藩士だった。西郷隆盛を亡ぼした大久保利通の余命は、八ヵ月もなかったことになる。ときに大久保利通四七歳九ヵ月だった。

明治憲法発布で恩赦された賊名

政府は事件の箝口令《かんこうれい》を布いた。山県有朋など、思わず「とひょうもないこったなあ」と、長州弁丸出しで驚いたはずである。島田一良の「斬奸状《ざんかんじょう》」は「朝野新聞」に掲載され、即日同紙は発行停止処分を受けた。「斬奸状」によれば、大久保利通の罪は以下のようなものになる。

① 議を閉ざし、民権を抑圧、政治を私物化した。
② 法令を軽視し、公然と請託（情実政治）で、人を威力と利得で操った。
③ 不要不急の土木工事で国庫を空費した。

④　慷慨《こうがい》の士を排斥、憂国の徒を疑い、内乱を醸成《じょうせい》した。
⑤　外国の侮りを受け、国権を失墜させた。

どれも西郷の「政府に訊問の廉」と重なると思われる。西郷亡き後、浅井と長連豪ら加賀士族が大久保利通に判決を下し、処刑したに等しい。

犯人の評価は現在も地元を困惑させているが、単に不平士族の凶行とはいえない。今日なら集団共謀の殺人罪に問われるが、大久保利通こそ、戊辰戦争の「共謀罪」を犯して権力の座に居すわり続けた。政府を批判する国民を「敵」と指さす独裁者である。その後は長州政治家のお家芸となる。

士族も国民だが「不平士族」の烙印《らくいん》を押されると密偵に監視され、果ては決起に追い詰めて殺す。いまなら選挙で落選させれば事は済むが、新政府樹立に奔走した者が求める議会開催運動さえ敵視して、実現させなかった。大久保利通のために一言弁護すれば、冷徹な顕官が命を狙われているのにロクな警護もつけなかったのは、自己の行為を「お国のため」と信じていたからに違いない。

片や六人の刺客も「斬奸状」に署名し、その上に捺印までする生真面目《きまじめ》さがあった。犯人たちが民権結社「忠告社」の一員だったことも重要である。

西郷軍に馳せ参じた熊本士族のなかに宮崎八郎《みやざきはちろう》もいた。「泣いて読むルソー民約論」で知られる民権家だが、西郷軍に合流した理由は、こうだ。

「願わくば心を同じく協力して、上は姦臣《かんしん》を除去し、下は百姓の塗炭《とたん》を救い、内は民権を保全し、外は国権を拡張したい」

姦臣（専制政府）打倒と議会制を目指す民権家も参加し、土佐の旧勤皇党運動家も約二一名も捕縛されている。ともに西郷の「政府に訊問の廉あり」に共感していた。

一八八九（明治二二）年の明治憲法発布で西郷隆盛の「賊名」が恩赦され、正三位が贈位されたのは、御一新の理念がやっと実現したことを意味する。その中身がどうであれ、西郷の目指した新政府のカタチだったはずである。

第四章　尊皇攘夷の実力

島津久光の「それっ！」の命令で

一八六二（文久二）年八月二一日、島津久光の行列が東海道神奈川宿に近い生麦《なまむぎ》村で、乗馬の英国人四人を無礼討ちにした。上海《シャンハイ》在住の商人チャールズ・リチャードソンは現場で死亡したが、傷ついた二人と英国人女性は、神奈川宿本覚寺《ほんがくじ》の米国領事館に逃げ込んだ。ヘボン博士が早速駆けつけて外科的治療を施したので、一命を取り留めた。世にいう「生麦事件」である。

これは予想された事件で、幕府は外国目付から神奈川奉行を通じ警告を出していた。「南日本の獰猛《どうもう》な大名・島津《しまづ》三郎《さぶろう》が帰国するので、横浜の外国人は外出しないように」

島津久光は藩主の父親だが、官位はないので島津三郎である。勅使・大原重徳を護衛して、幕政改革を突き付けた帰り道なので、鼻息が荒い。にもかかわらず横浜に寄ったリチャードソンは、香港《ホンコン》から来たボロデール夫人や横浜在住のウッドソープ・クラーク、ウィリアム・マーシャルを誘って、川崎大師へ騎馬の遠乗りに出た。

島津久光の行列は、途中で若い米国商人ヴァン・リードとも川崎付近で遭遇している。ヴァン・リードは道の外れに避けて、下馬して馬の轡《くつわ》を持って待つと、「乗物」には帽子を脱いで挨拶《あいさつ》した。西洋式でも挨拶すれば無礼打ちにはできない。

この光景を島津久光は苦々しく見た。初めて江戸に出た島津久光は、出府の折も東海道で外国人を見かけているし、その姿の多さに驚き、歯嚙みしたはずだ。

英国公使館書記官のアーネスト・サトウは、事件の顚末を次のように記している。

「彼（リチャードソン）らが街道の端を進んでゆくと、薩摩藩主の父・島津三郎が乗った駕籠が見えてきた。彼らは今度は引き返せと命じられた。それで命令に従って馬首の向きを変えようとしていた時、行列の中の武装した数名の男が襲いかかって、鋭い刃のついた重い刀でめった切りに斬りつけてきた。リチャードソンは瀕死《ひんし》の状態で、馬から落ちた。他の二人もひどい深手を負いながら、夫人に向かって〝馬を飛ばせ、私たちはあなたを助けられない〟と叫んだ。彼女は無事に横浜にたどり着き、急を告げた。居留地の馬や拳銃を持っている者はみなただちに武装し、殺戮の現場をめざして全速力で疾走した」（ヒュー・コータッツィ『ある英人医師の幕末維新』）。

乗物のなかの島津久光の「それっ！」との命令で襲撃したもので、虫の息となったリチャードソンを藩士たちが両手両足をつかんで畑のなかに引きずり込み、周囲の侍が交互に斬り付ける残忍さ……憎しみのほどがわかる。事件直後、久光は乗物のなかで近侍《きんじ》を召して尋ねた。

「夷狄《いてき》らはいかがせしや？」

先供の侍が馳せ寄り、「一人殺害、男女三人負傷して逃走」と復命をすると、久光は「微笑したまいつつ」かつ「思案顔」となり、付近の藤屋万蔵《ふじやまんぞう》方に上がった。老臣・小松帯刀《こまつたてわき》、大久保一蔵《いちぞう》（利通）、海江田武次《かいえだたけじ》（信義《のぶよし》）、奈良原喜左衛門《ならはらきざえもん》など、近臣で次の策を練る。

神奈川宿で宿泊の予定だったが、小松帯刀は事態を憂慮して久光に言上した。

「神奈川の御旅宿《りょしゅく》を保土ヶ谷《ほどや》駅へ御繰り替えあってしかるべし」

斬りつけた海江田武次は興奮冷めやらず息巻く。

「御旅宿を繰り替えるのは不都合なり。なぜなら薩州は今夕夷狄の来襲を恐れ、保土ヶ谷へ旅宿を繰り替えたといいわれるのは武門の恥辱《ちじょく》、悔しきこと。泰然《たいぜん》、神奈川に旅宿し島津家の武威を示すべし。もし夷狄来襲すれば、自分らは先進して一撃のもとにみな殺しにいたし、横浜居留地を焦土と成す事など難しくない」

大名行列は戦闘隊形とはいえ無謀である。小松帯刀が言葉を和《やわ》らげ、鎮《しず》めた。

「足下《そっか》のいわれるのも道理ある。さりながら外夷《がいい》を恐れて旅宿を替えるのではない。今回は勅使の護衛で、ここで戦端を開けば、朝廷には血気粗暴《けっきそぼう》に見えて恐れ多い」

生麦事件は久光が「地ゴロ」ぶりを発揮したものである。理性的な小松帯刀の説得で神奈川宿を通過し、急遽《きゅうきょ》、保土ヶ谷に宿泊する。現実に薩摩武士が果敢《かかん》に戦い、英・仏軍に勝利できたかは、英国側の記録を見ると覚束《おぼつか》ない。

島津の行列に対し英国人は拳銃で

英国側の記録を見る。浄瀧寺《じょうりゅうじ》の英国公使館では、ジェンキンス医師が駆け込んできて叫んだ。

「医療器具を用意しろ。リチャードソンが殺された。マーシャルとクラークは負傷し、ボロデール夫人は半死半生の有り様だ」

公使館付医師のウィリスは、反射的に包帯や止血帯だの医療器具をポケットケースに入れ、馬で飛び出した。すぐに銃器を手にした横浜の居留民三名が追いついた。ウィリス医師を先頭にした四名は、島津久光の行列とすれ違いながら現場に突進した。これを島津久光の行列は阻止できなかった。ウィリス医師が手紙に書く。

「私たちは薩摩侯の従者の隙間《すきま》もない長い行列のそばを、疾駆《しっく》したり、ある時は速度を落としたりして通りぬけて行ったのです。二本の刀を帯びた家来がまさに斬りつけんとするかのように、刀の柄《つか》に手をかけた時もありました。私たちの中のボイルという男が、拳銃をその家来の頭に突きつけ、脳天を撃ち抜いてやるぞと言わんばかりの構えを示すと、家来はしりごみして、すくなくとも刀は抜きませんでした。もちろん、ボイルがその男を撃ったならば、私たちは総攻撃を受け、たぶん全員が斬り倒されたでしょう。もっとも私は一方の手で手綱をにぎり、もう一方の手に撃鉄をあげたままの拳銃を持っていたので、きっと数人の日本人を撃ち殺していたと思います」（ヒュー・コータッツィ『ある英人医師の幕末維新』）

騎馬のウィリス医師と居留民に行列を割られて、久光の家臣は拳銃を頭に突きつけられると抵抗できなかった。それどころか、行列の後備は、英国兵により壊乱された。

英国騎馬隊に追いつかれた島津は

事件が起きたのは昼過ぎである。本覚寺の米国領事館へ、ボロデール夫人が帽子の金具を切られたのみで逃げ帰り、急を告げた。本覚寺に高々と掲げられた米国旗が、逆さまに掲げられて、神奈川沖に停泊する英・米・仏諸艦隊に非常事態を告げた。

その逆さ米国旗を見た英国艦艇からは信号の大砲が放たれた。この轟音《ごうおん》も神奈川周辺の住民を怯えさせた。すぐさま海兵隊が続々と上陸して、一隊は本覚寺の警備につき、もう一隊は薩摩の行列を追った。

一戦を交《まじ》える、などと言い放った海江田の言葉がいかに現実離れしていたか、このあとすぐに分かる。それより早く発進した英国領事ヴァイス大尉の率いる騎馬護衛兵が追いついて、銃弾を浴びせた。行列の後備は壊乱したのである。

フランス公使ベルクールも六名の騎馬護衛兵を派遣し、英国第六七連隊のプライス中尉は公使館護衛兵の一部とフランス歩兵を指揮し、神奈川に展開した。

　島津の家紋を付けた中間《ちゅうげん》は、英国兵の発砲を受けながら神奈川台付近を逃げ回り、三宝寺《さんぽうじ》に逃げ込んだ。それを英国兵が追って門前で住職に「入れろ」という。しかし言語不通で揉めているあいだ、裏の藪から中間三人は逃げ出した（神奈川町・成仏寺住職）。

　小松帯刀の冷静な判断で、島津久光の行列は、猛烈な速度で宿泊予定の神奈川宿を通り過ぎた。神奈川宿の島津家本陣の主人が当日の光景を回顧する。

「ヘイ生麦事件のときですか。手前ども朝から準備しておりますと、昼少し過ぎに血だらけの異人が馬に乗って駆けて参る。ほどなく薩州様は大急ぎで御通りになる。とイギリスの兵隊が鉄砲担いで繰り出して参る」（青木橋老人談）。

　被害者が馬を馳せて次々と通過、次いで加害者の大名行列が高速で通り過ぎ、さらに追跡の英国軍が神奈川宿の本陣前を通過したのである。

　戦闘隊形で捜索展開する英・仏軍の充満で、神奈川宿は恐慌をきたした。

「宿中は、ソラ英国と薩州様と戦《いくさ》だ、と申して、みな戸を閉め、家のなかでは御題目を唱える者もあって大騒動。男は大事な書類など風呂敷に包んで置くありさま」

　と本陣主人は語る。これほど恐ろしい事態は初めてではあるまいか。突然、英仏の戦闘部隊が神奈川宿に充満し、戦闘態勢をとったのである。

英国公使館騎馬隊と英国兵は、確実に島津の一行に追いつけたが、戦争になることを憂慮した英国のニール代理公使が追撃を止めさせた。

英国軍三〇〇名による横浜占領

もしニール代理公使が止めなかったら、島津久光は、英・仏連合軍と東海道で一戦を交え、あえなく散る可能性は大きかった。

神奈川奉行所も仰天した。すぐさま支配組頭《しはいくみがしら》の若菜三男三郎《わかなみなさぶろう》に命じ、島津の一行を追わせた。若菜は島津に保土ヶ谷宿に留まるように命じたが、島津は拒否する。事の重大性を知って逃げる気である。

神奈川奉行所の若菜は怒り心頭で、小田原《おだわら》藩に命じて島津の一行を阻止するように命じる。と、これは幕府から叱責《しっせき》を受け、撤回を若菜は命じられた。小田原藩と薩摩藩の戦争を幕府は避けたのである。

保土ヶ谷宿で島津久光は、行列の先触れに、東海道の宿々に対し次のように宣伝させた。

「攘夷の先駆け薩州、異人を無礼打ちとなす」

それが事件翌日の幕府への届書では、こう書いた。

「生麦村通過の際、浪士態《てい》の者四人が外国人を斬ったが、これは久光供方《ともかた》の者にはまったく関係ないことである」

「武士の二言《にごん》」は誉められたものではない。いまも横浜市の生麦には事件の碑が建っているが、事の重大性は語らない。その日、横浜に上陸展開した英国軍は三〇〇名である。この事件は幕府が最も恐れ、尊攘激派が幕府に対し非難していた危惧《きぐ》すべき事態を自ら引き起こした。横浜の占領である。

この事実を明治維新史は語らない。その意味で、日本史も「地ゴロ」かもしれない。

東海道で薩・英仏戦争の危機が

横浜では、英国領事を議長として、居留民が集会を開いた。参加しなかったのは米国人の若いヴァン・リードで、「日本の風儀も知らずに自業自得だ」と吐き捨てて帰宅した。

確かに被害者リチャードソンの評判は良くない。在清国の英国公使だったサー・フレデリック・ブリックはリチャードソンを知っており、やはり批判的だった。

「罪のない雇い人の苦力《クーリー》に残忍で冷酷な仕打ちをした彼に重科料を科した上海領事を支持せざるを得なかった。彼（リチャードソン）は賞金稼ぎ的な残忍な勇気を持ち……」

それでも惨殺を目の当たりにした居留民は、集会所で激昂した。集会の席上、島津久光の一行は保土ヶ谷に宿泊していることが報告されると、居留民から声が上がった。

「リチャードソン殺害犯人の逮捕、その大名か高官たちの身柄拘束を求める」

これを居留民集会は満場一致で決定して、兵一〇〇〇名をもって実行することを横浜港内の英・仏海軍当局に求めた。

港内には英国軍艦四隻、フランス軍艦三隻、オランダ軍艦一隻が停泊する。居留民代表団は、英国艦隊旗艦のキューパー司令長官に事情を説明した。キューパー司令長官は着任早々で事情に疎《うと》いので、「即時に他国海軍司令官とも相談する」とだけ居留民代表に約束した。キューパー司令長官は、まずニール英国代理公使と相談して、夜明けにフランス公使館で各国が協議することになった。

午前六時からフランス公使館で開かれた会議では英国の主張が通った。席上、「居留民会で決議された強制措置は、幕府に通告なしに戦争行為を開始するに等しい」とニール英国代理公使は拒否した。代わりに、英国政府として幕府に対し謝罪と賠償金一一万ポンド（銀で四四万ドル、金で二六万九〇六六両二分）、薩摩藩に対して犯人処罰と賠償金二万五〇〇〇ポンドを要求することを決めた。実行されなければ武力行使を約束した。

英国代理公使ニールは冷静で穏健な人物だが、今度ばかりは幕府へ責任を思い知らせたかった。江戸の公使館東禅寺《とうぜんじ》は二度も襲撃され、書記官ローレンス・オリファントと長崎領事モリソンが重傷を負い、警備兵二名が斬殺されている。ましてや二度目の公使館襲撃の犯人は、公使館警備の松本藩士・伊藤軍兵衛《いとうぐんべえ》ときた。それから三ヵ月を経て、今回の「生麦事件」である。忿懣《ふんまん》やる方ない。

もはや幕府を信用できないニール英国代理公使は、幕府が謝罪・賠償金と犯人引き渡しを拒めば武力行使も辞さない決意をした。すなわち戦争である。

歴史家は特筆しないが、このときほど江戸が、戦争の恐怖で恐慌状態に陥ったことはない。

ペリー来航より深刻な疎開命令

生麦事件は、島津久光の「攘夷の魁、薩摩の快挙」の宣伝で、事が複雑となった。朝廷から横浜を鎖港《さこう》するよう幕府は命じられたからである。

生麦事件の賠償金を幕府は支払わず（幕閣意見不一致）、あげく「横浜鎖港（外国人退去）」の勅命では、日・英断交、あるいは英国への宣戦布告が必至である。海外の新聞では「対日戦必至」の記事が飛び交った。英国議会も、こう主張した。

「日本の外国人排斥は横浜の居留民にも危険なので戦争やむなし」

清国の二の舞になりかねない状態を、生麦事件は引き起こしたのである。その深刻さを歴史の教科書は語らない。

英国代理公使のニール中佐は、生麦事件から半年後の一八六三年四月九日（文久三年二月二二日）、賠償金支払いの回答期限を二〇日とする最後通牒を幕府に発した。

横浜には、英国軍艦数隻が押し寄せた。同年三月五日、幕府は大名と旗本に「有事へ備えるように」命じ、一二日には江戸市中神奈川奉行は次の町触《まちぶ》れを出した。

「異国船数隻が横浜表に停泊している。この先は予測できない。市中の女・子ども・老若・病者の類、火急の場合になってから騒ぎ立てると混雑するので、この節より在方に所縁ある者どもは追々立ち退くも勝手次第（自由）にいたすべく」

神奈川や江戸では武家も町方も背筋が寒くなり、所帯道具を売り飛ばして右往左往の疎開騒ぎである。幕府から江戸から逃げろ、との御触れは初めてで、ペリー来航騒動などの比ではない。それほど前代未聞の深刻な事態が展開したのだが、歴史書は軽く書き流す。

幕府は旗本や大名に開戦の可能性を伝え、緊張は日を追って募《つの》る。品川から芝の海岸沿いの老幼男女、あるいは病人は直ちに立ち退けと触れた。今度は命令である。四月一三日の幕府の御触れには、こうある。

「今度の英国軍艦渡来で曲直を正し名義を明らかにして鎖港の談判を行うので、右談判中は家来下々《けらいしもじも》まで無謀、過激の所業、これなきように申しつける。時宜《じぎ》（場合）により戦争と成るときは、一心一同、御国威《こくい》（が）立つように前もって銘々覚悟しておくように」

五月二日、英国代理公使ニールは、神奈川奉行の浅野氏祐《あさのうじすけ》に最後通告をするとともに、キューパー提督に「武力発動」の指揮権を与えた。

幕末史上最大の戦争危機を回避

すでに日本との戦争計画を、英国軍は、何種類も立案していた。江戸や京都を攻撃する際の陸軍の兵力や海軍の動員艦艇の種類、そして作戦計画が練られている。地形も詳細に調査済みだった。

ただ、この時点では、京都への侵攻作戦の資料が元禄時代のケンペル『江戸参府旅行日記』しかなく、京都占領は正確な兵力の算出が難しかった。キューパー提督は、東京湾（江戸）と瀬戸内海（大坂）の海上封鎖が最も効果的と考えていた。物流阻止と兵糧攻めである。

その傍《かたわ》ら、英国代理公使ニールは、江戸市中への町触れを密かに入手し、翻訳させている。外交方針で、できる限り戦争は避けたいのである。

最後通牒を英国代理公使ニール中佐が発した三日後の五月五日、神奈川奉行の浅野氏祐と山口直毅《やまぐちなおき》が、フランス公使館を訪れた。ベルクール代理公使とジョレス准将が応接する。

二人の神奈川奉行は、「極秘事項で他言無用だが」と念を押したうえで、苦衷《くちゅう》の国内事情を打ち明けた。国内政治は、いまや幕府と朝廷に二元化しており、朝廷が攘夷を唱える浪人たちに加担しているのが問題の核心である、と告げた。さらに英国と戦火を交えた場合の横浜防衛についても語り合った。

翌日も翌々日も神奈川奉行はフランス公使館を訪れ、例の如くベルクール公使へ、苦肉の小手先を弄《ろう》する策を語る。

「英国への賠償金は支払うが、将軍は鎖港と外国人退去の命令を（朝廷から）受けているので困った。そこで『横浜から外国人退去』の布告を出すが、あくまでも攘夷派の日本人を騙《だま》すための計略で、実行する意志のない形だけの布告なので、お含みおきください」

驚いたのはフランス側である。

「そんな宣言をしただけで全面戦争となり、日本は分割されて、悲劇的な滅亡となる」

そうジョレス准将は警告した。

神奈川奉行はホンネとタテマエが通じないので肝《きも》を潰した。これらフランス外交団への「他言無用の極秘事項」は、英国公使館のニール代理公使にも伝わる。無用な戦争を避けるためである。

フランス公使から幕府外交官の焦燥《しょうそう》と懊悩《おうのう》を耳にした英国代理公使ニール中佐は、大君《たいくん》政府の詐欺・謀略・妨害の類《たぐ》いだろうと信用しなかったが、五月九日、老中格・小笠原長行《おがさわらながみち》と元外国奉行の水野忠徳《みずのただのり》（痴雲《ちうん》）が横浜の英国公使館を訪れ、東禅寺事件と生麦事件の賠償金四四万ドルを支払った。小笠原長行の独断という形式をとった。

事件直後から賠償金の支払いを巡って幕閣は議論を続けてきたが、外国奉行の水野忠徳は罷免されて議論が定まらなかった。水野は隠居して痴雲と号したが、小笠原長行とともに幕閣を必死に説得し、支払いを強行させたものである。

これで幕末史上最大の戦争の危機は回避されたが、必死に危機回避に働いた小笠原も神奈川奉行二人も、全員が罷免された。

英国艦隊だけで襲撃した理由

幕府の賠償金を受領したキューパー司令長官の英国艦隊は、薩摩藩への犯人処刑と賠償要求のため、蒸気軍艦七隻で横浜を出航した。一八六三（文久三）年六月二二日のことである。老中・板倉勝静《いたくらかつきよ》（松山藩）は、薩摩藩に報知し、隠便に接するように勧告した。

六月二七日に英国艦隊は鹿児島湾に入り、翌日、薩摩藩に要求書を手渡して、二四時間以内の回答を要求した。

薩摩側は会談に応じる様子を見せつつも、その間、戦闘準備を行う。待たされる英国艦隊は鹿児島湾に投錨《とうびょう》した。

七月二日、強い風雨のなかで薩摩藩の蒸気艦三隻を拿捕《だほ》すると、それは罠で、鹿児島湾の全砲台から発砲を受けた。砲台の射程距離内にいた唯一の艦船ユーリアラスが被弾した。即座に拿捕船は英国艦隊により焼却されて、錨《いかり》を揚げた全艦が隊列を組み、鹿児島湾の全砲台と鹿児島城下に熾烈な艦砲射撃を浴びせた。

英国艦隊の火力は猛烈で、鹿児島湾内の砲台は次々と沈黙、弾薬庫の爆発が続く。城下は炎上し、昼から夕刻までの砲撃で薩摩側は砲台から撤退して、英国軍の上陸戦闘の準備をした。が、翌日、英国艦隊は炎に映《は》える鹿児島湾を後にして、七月九日、横浜に帰還した。鹿児島占領を中止したのは、ユーリアラスの艦長と副長が被弾即死したからである。

この報で、攘夷に沸く朝廷は、「英艦掃攘」の功を讃《たた》えて薩摩藩主親子を褒賞したが、久光の顔は憂いに満ちていた。鹿児島は壊滅状態で、戦力の差は歴然であった。

怯えた薩摩藩は九月二八日、八名の交渉団を横浜へ送り、英国と和議交渉に入る。拿捕船に乗っていた五代友厚《ごだいともあつ》と松木弘安《まつきこうあん》（寺島宗則）が通訳と思われるが、七万両の賠償金と犯人捕縛の約束、そして英国からの軍艦購入を合意した。ただし、賠償金の七万両は幕府からの拝借金だから、幕府こそいい面《つら》の皮である。

英国艦隊だけで鹿児島湾を襲撃した理由は、生麦事件の被害者が英国人ゆえではない。もっと深刻な理由があった――。

横浜居留地を防衛する一〇〇〇人

鹿児島攻撃を英国艦隊のみで行なったのは、横浜居留民への攘夷派による襲撃を恐れ、一定の戦力を残す必要からである。そのため蘭・仏艦隊が横浜で睨《にら》みを利《き》かせた。どれほど各国が本気で攘夷派大名の攻撃を警戒していたかが分かる。

歴史書は、薩英戦争（英国艦隊鹿児島砲撃）で薩摩が直接英国と交渉する機会を得たことばかり強調するが、外交は甘いものではない。生麦事件は大藩権力が公然と外国人を斬り捨て、排斥《はいせき》を狙う衝撃的な事実を知らしめた。諸外国は横浜居留民の防衛を真剣に考え、横浜を占領状態に置いたのである。

生麦事件で横浜に上陸した英国兵とフランス兵は、そのまま兵営を建設し、合計一〇〇〇名が横浜居留地防衛の名目で駐屯する。

この事実の深刻さを歴史書は語らない。横浜の開港地は英・仏両軍が駐屯警備する占領地となった。

もはや米・仏公使は江戸への呼び出しにも応じない。幕府を信用しなくなったのだ。生麦事件ではじまった薩摩藩の所業は、横浜を諸外国に売り渡したも同然である。

朝廷から一橋慶喜が拝命した「横浜鎖港」の命は、西洋諸国から見ると一方的な条約違反に等しい。諸外国の新聞には、「日本の武装解除」「日本への遠征軍派兵」などの記事が躍った。そのため一八六四（元治元）年一一月、諸外国は軍隊の力を背景に「横浜居留地覚書」を幕府に締結させた。

この「横浜居留地覚書」で横浜居留地内は治外法権となり、外国人の参事会が運営する自治組織が誕生する。こうして横浜居留地内では、日本人給仕でさえも、幕府役人に頭を下げる必要がなくなった。

明治八年まで占領状態だった横浜

生麦事件を契機に英国陸軍が続々と進駐してきた。英国陸軍第一〇連隊第一大隊が、南アフリカより横浜に転進駐屯した。ノーマン大佐以下、総勢八四六名で、妻子を含む。大隊規模だから五百数十名の兵力と思われる。さらに英国海兵大隊五三〇名も香港から進駐している。合計一〇〇〇名を超える英国軍が山手の丘に大砲陣地を構えて横浜を要塞化した。

今日の山手公園を含む一帯には、英・仏軍の駐屯地がひしめいた。居留地防衛のためである。仏軍キャンプ（フランス山）、英軍ノース・キャンプ（北陣営）、同サウス・キャンプ（南陣営）と展開する。

尊皇攘夷運動は、何度も横浜の居留民に戦争の恐怖を与え、進駐軍は応戦態勢をとった。

横浜を幕府は「出島」として設計したが、尊攘運動のおかげで、一八七五（明治八）年まで英・仏軍の要塞と化した。いつでも香港同様の割譲地になりそうだったが、免れたのは幕府外交の努力と、英・仏二ヵ国が互いに牽制《けんせい》するなか、それを南北戦争中の米国が仲裁したからに過ぎない。

もともと幕府の外交は機敏だった。生麦事件に先立つ一八六一（文久元）年一二月二三日には、外国奉行・竹内下野守《たけうちしもつけのかみ》など三名が三二名の随員を引き連れ、品川沖から英国軍艦でヨーロッパに向かった。歴史書では幕府の「開港開市延期交渉団」と記述されているが、それは表向きで、実は英国への謝罪使節だった。同年五月、江戸の英国公使館の東禅寺が水戸浪士に襲撃され、書記官のローレンス・オリファントと長崎領事モリソンが重傷を負った事件の謝罪である。

一行はロンドンでラッセル外相と会見したので、英国では大々的に報道されたが、日本では一八八二（明治一五）年まで一般に伏せられた事実である。

このとき、英国製品の輸入はすべて関税五パーセントと決められた。明治政府が叫んだ「幕府の結んだ不平等条約」とは、自ら創造したものだった。今、教科書が真実を記述しないのは、幕府外交の有能さを消し去り、外国人へのテロ行動の深刻なダメージを隠蔽するためである。

維新史が語らぬ横浜の治外法権

攘夷激派による外国人襲撃は横浜を犠牲にした。この一連の重要な歴史的事実を明治維新史は語らない。

駐屯軍が去ったのは一八七五（明治八）年だが、その後も治外法権は続いた。治外法権の屈辱を、読者はどこまでご存じだろうか。横浜の「ホテル・ニューグランド」の会長だった野村洋三《のむらようぞう》は、明治の横浜で「サムライ商会」なる古美術店を経営した。その夫人の体験を通じて、治外法権時代の横浜の実態を語る（白土秀次『野村洋三伝』）。

「あるとき、店へ人力車に乗った婦人が来て、象牙彫りの人物の置物を買った。その値段は七五円であった。ところが婦人は三〇円しか支払わないで帰ろうとする。店員が残りの金を請求すると、いきなりまだ包んでいない品物をポケットに入れて店を駆け出し、車に飛び乗り、車夫をせきたて逃げ去った。あとを追った店員も車が居留地の境界を越えてしまったので、それ以上追うことができず、品物はそのまま奪われてしまった」

その悔しさを野村洋三は語る。

「それこそ、これを味わったものでなければわからない」

まったくの同感である。この問題を維新運動の失策として焦点に絞ることはない。いまも沖縄問題を無視するように横浜の実態は、盲点のようになって、歴史は語らない。

横浜居留地の治外法権が終了するのは一八九九（明治三二）年である。居留地内の外国人の土地を有料としたのは明治三四年だが、それでも横浜の居留民のなかには無視する者がいた。永代借地権が完全に撤廃されるのは、実に一九三七（昭和一二）年である。

その頃、隣接する横須賀市内では、家庭内で写真を撮影することも海軍鎮守府の許可が必要で、ほとんどの家庭に家族の写真のない時代になっていた。

明治維新政府から続いた政権は、戦争によってしか治外法権問題を解消できなかった。ところが第二次世界大戦の敗戦によって、再び日本各地に治外法権が復活するのである。

下関「航行の自由作戦」

一八六三（文久三）年に朝廷は、尊皇攘夷派に押し切られて、同年五月を「攘夷決行」と決めた。首唱したのは長州藩の尊攘激派で、下関周辺に多数砲台を構築し、軍艦を配備、片っ端から外国船を攻撃した。

同年五月、関門海峡を上海に向けて航海する米国商船ペンブローク号に長州藩の二隻の軍艦が発砲したが、損害も受けずにペンブローク号は遁走した。一〇日後、再びフランス船とオランダ船が長州藩の軍艦の砲撃を浴び、オランダ船では四名の死者と五名の負傷者が出た。長州藩の「攘夷実行」とは、すなわち条約締結国から見れば「犯罪行為」である。

報告を受けた横浜在留のブルーイン米国公使は、ただちに蒸気軍艦ワイオミングを関門海峡に派遣した。

急行したワイオミング艦長は、下関の沿岸に近づくと、砲台が並び、対岸に長州藩の鉄製蒸気船二隻と日本製軍艦の合計三隻が投錨しているのを視認した。すると艦長は、米国旗を掲げさせて航行させる。海岸の砲台は一斉に発砲した。

ワイオミングは海岸砲台を無視して、長州藩軍艦二隻の間に走り込むや両舷《げんそく》側から一一インチ砲を連射しながら通り抜けた。左右に位置する長州軍艦は、すれ違いざまにワイオミングの猛射を浴び、正面の長州軍艦も砲弾を撃ち込まれた。

三発浴びた長州藩の蒸気軍艦（六〇〇トン）はボイラーが爆発、四〇名の死者を出して陸地に乗り上げ、もう一隻の軍艦も横っ腹を撃ち抜かれ、海中に没した。日本製の長州艦は大破である。

ワイオミング側は戦闘で五名が戦死、六名の負傷者を出したが、米国旗への冒瀆は、圧倒的なワイオミングの火力で報復された。下関「航行の自由作戦」である。

関門海峡で砲撃された商船ペンブローク号の船主は、航海の遅延を理由に損害一万ドルを要求。これにブルーイン米国公使は海軍の損害二〇〇〇ドルを積み乗せして、幕府に要求した。幕府は条約で「瀬戸内海航行の自由と下関開港」を約束していたので、要求通り一万二〇〇〇ドル（両）を支払うしかなかった。

狡猾漢・高杉晋作は英傑なのか

翌年になると、英国公使オールコックの呼びかけで、条約諸国は協議した。その結果、「長州藩の攻撃的行動をやめさせるため新たな努力が必要となった。横浜を鎖港すると決定した宣言の撤回を大君《たいくん》（将軍）へ勧告する。長州問題に二〇日以内に何の進展もなければ、通告なしに行動を開始する」

英・米・仏・蘭の四ヵ国が幕府に合意書を突き付けた。一八六四（元治元）年七月二二日付である。

下関《しものせき》海峡を封鎖する長州藩へ幕府が処置しなければ、四ヵ国は実力をもって砲台を排除するとの通告を老中は受けたが、攘夷の総本山の長州藩が受け入れるわけもない。二〇日の期限を過ぎても何の進展もなかった。

同年八月一五日、四ヵ国代表は再び共同覚書に調印した。

「速やかに下関海峡の開放に着手し、長州侯の砲台を破壊して武装を解除し、あらゆる攻撃の手段を無力化させる」

すぐさま英・米・仏・蘭は連合国艦隊を結成し、横浜を出発した。堂々たる連合国艦隊の威容は、英軍蒸気戦艦九隻、大砲一六四門。仏軍蒸気戦艦三隻、大砲六四門。蘭軍蒸気戦艦四隻、大砲五六門。その後ろに小型蒸気船が不釣り合いな大きな星条旗を掲げて走る。米国海軍は南北戦争の最中で、虎の子の戦艦ジェイムスタウンは修理中である。

それでもピアソン中尉が小型蒸気船を雇い、砲一門をくり付けて、果敢にも参戦した。五日間の戦闘で下関海峡をのぞむ長州藩砲台は、悉皆《しっかい》、破壊された。その戦闘の間、米国海軍ピアソン中尉は、小型蒸気船で走り回り英仏軍の負傷者を収容した。果敢なピアソン中尉の行動は、英国海軍のキューパー提督を感銘させて、勲章が授与された。

上陸した英仏軍の海兵隊や艦隊兵士五〇〇〇名近くによって砲弾は海底に沈められ、七〇門余りの大砲が運び去られ、火薬庫は爆破された。

ついでに下関を焼討されては困るので、長州藩側は講和を申し出て降伏した。降伏の条件は、ニギリギンタマで知られる高杉晋作《たかすぎしんさく》が申し出たもので、「①賠償金三〇〇万ドルを支払う②下関を開港すれば賠償金を支払う必要がないこと」とある。

賠償金三〇〇万ドルの請求先は、「攘夷実行」を命じた幕府であると、高杉晋作は指定した。こういう狡猾漢《こうかつかん》が幕末の英傑とされる不思議な歴史観がある。

請求書は長州藩ではなく幕府に届く。どこの国も藩の独立性など認めていない。四ヵ国連合艦隊は、賠償金三〇〇万ドルの支払いを幕府に求めたうえで、「下関を開港すれば必要ない」と付け加えた。

薩長テロの損害請求は幕府に

弱ったのは幕府である。長州藩が勝手に申し出ておいて、下関を開港するわけがない。攘夷の総本山である。

結局、幕府は三〇〇万ドル（両）を分割で払うことにする。過酷な要求を幕府にした理由を米国公使ブルーインは、スワード国務長官宛に、次のように報告している。

「巨額な賠償金によって大君が開港を余儀なくされると解釈した」

これが明治維新の実態である――薩長のテロによる損害請求は、すべて幕府に来る。経済的に幕府は倒されたも同然だった。

もとより三〇〇万ドルを即金で支払えない幕府は、分割払いにした。そのうち一五〇万ドルの支払いで幕府は敗れた。

残りの一五〇万ドルを、英・米・仏・蘭四ヵ国は新政府に厳しく請求する。そうして一八六八（明治元）年に七五万ドルを支払うはめになる。身から出た錆《さび》の明治政府は、大問題に直面した。

そんな問題も抱えながら維新政府は、閣僚と高級官僚全員が岩倉使節団となり、一八七一(明治四)年に米国と欧州諸国を視察・訪問に出発する。

ここで驚くべきことを耳にする。知られざる下関賠償問題が始まる。

森有礼とワシントンの驚きの関係

一八七〇(明治三)年二月にワシントンに着任した少弁務使(書記官)・森有礼は二四歳だが、幕末から英米での留学が三年になるので、英語は達者である。

公議所議長代理で「廃刀論」を提唱してワシントンに左遷された森は、新政府の理想に燃えていた。その経緯も駐日米国公使デロングの推薦状には記してあったと思われるが、国務長官ハミルトン・フィッシュに好意的に受け入れられた。

国務長官のフィッシュは若い森の「愛国心と向学心に燃える」姿に感銘したようで、老教授が優秀な学生に対するように森に接して、親切に国際外交から米政界について、一から手取り足取りで教えてくれた。外交文書まで読ませてくれたという。

たちまち森は、日本公使館書記官の役割を果たすチャールズ・ランマンと親しくなり、矢継ぎ早にワシントンでの交流圏が拡大する。

すると夏を過ぎた頃、元プリンストン大学学長、スミソニアン博物館初代館長、理事長などの経歴を持つワシントン政界の大物ジョセフ・ヘンリーが、森に打診してきた。

「もし合衆国が下関賠償金を返したら、日本政府はどんな用途を企画するだろうか」

森有礼は驚いた。若い日本の知識人、森に、アメリカ知識人の多くが感動し、日本に好意的な計らいを考えたのである。すぐさま森は答えた。

「日本国では、博物館、図書館、研究所の設置、国際的学者の招聘《しょうへい》、自然科学や文化部門の事業推進に用いたい」

それを聞いたジョセフ・ヘンリーは、議会図書館あてに同趣旨の手紙を書いて提案した。

「日本との友好促進のため、賠償金の全額を日本文化推進のために返還したらどうか」

一八七二（明治五）年一月一〇日付の書簡である。

大統領と国務長官の大構想

岩倉使節団がワシントン入りして上下両院で挨拶したのは三月四日で、通訳は森有礼と新《にい》島襄《じまじょう》が行なった。

岩倉具視以下は、「下関賠償金返還」の話を森有礼から耳打ちされたはずである。岩倉も木戸孝允も鼻であしらったかもしれない。攘夷推進の当事者たちだから、古傷を薩摩の若い森有礼に弄《いじ》られる思いだったと思う。

その後、下院で「下関賠償金返還問題」が議題となり、即日「日本政府賠償金未納分免除」の決議が行なわれた。ユリシーズ・グラント大統領も賛同したが、上院が通過しない。

森の話が事実であることに、木戸も岩倉も「ウソッ！」……尻餅《しりもち》をつくほど驚き、目を輝かせたはずである。しかし岩倉使節団は、上院通過を待たず、条約改正も成らずして、下関賠償金の免除や延期も果たせずに、ヨーロッパに去る。再び木戸の目からスーと輝きが消え、寡黙《かもく》になった。大久保のみは他藩の事件だから興奮し、多弁となった。

そもそも「下関賠償金返還」など想像もつかない。残額の支払い延期でも天にも昇る心地の面々である。その後の日本政府の外交政策を見れば、一度は驚嘆したが、「やはりな」程度で、お高くとまって諦めたと思う。

水面下で運動を続けると森有礼は進言したはずだが、維新の策謀家の岩倉や木戸はフンと鼻先で笑い、若造の森の言葉を無視したにちがいない。ところが大統領グラントと国務長官フィッシュは、もっと規模の大きなことを考えていた。

米国が示した「日本ファースト」

一八七三（明治六）年一月二七日、米国議会に前代未聞の陳情書が二通提出された。おごそかに議会で陳情書を読み上げたのはコネチカット州のホウリー議員である。

「議員各位も知っているように、数年前、下関で受けたわが国の小さな損害のために、日本が払った賠償金は、今日八〇万ドル近くになっております。この賠償金の措置について全国教育界の権威四五〇名余りが署名しているのが、この二通の陳情書です」

手にした陳情書を掲げてみせる。ホウリー議員がいうように、下関事件で米国海軍は、ピアソン中尉が小型蒸気船で果敢に救助作業をしたに過ぎない。それでも英・仏・蘭と同じ金額の賠償金を山分けしていた。

「この賠償金は合衆国の品格に背《そむ》くことで、正義を尊び寛容である国民が許すところではない。賠償金は日本国の文化高揚と国民の福利のために使用されるべきである。ここに署名する一同は、議員が英断をもって、合衆国の名誉にかけて決議されることを切望する」

下関賠償金七八万五〇〇〇ドル返却の署名である。イェール大学、ボードウィン・カレッジ、ウィリアムス・カレッジ、アマースト・カレッジ、ニューヨーク大学、ニューヨーク・シティ・カレッジ、ヴァッサー・カレッジ、ニューヨーク州師範《しはん》学校、コロンビア・カレッジの各教授たちと、一一州の教育委員会が署名している。

ハーヴァード大学に至っては、ほぼ同文の別紙で、学長チャールズ・エリオット以下、ピーバディ（後に日本コレクションで有名になる）など六名の教授が署名した。

これだけの面子を揃えるのは、さすがに森有礼には無理である。背後に前年に死去した国務長官ウィリアム・スワードの奔走があった。

スワードはニューヨーク出身で、下関事件当時の国務長官でもある。初代駐日公使のハリスを推薦《すいせん》した人物だが、アブラハム・リンカーン大統領に勝る政界の重鎮《じゅうちん》だった。南北戦争で英国の介入を阻止した腕利きの外交官で、奴隷解放宣言の起草者でもある。

後世「米国ファースト（第一主義）」を叫ぶ偏狭な大統領を選ぶとは夢にも思わない建国精神のお国柄で、知識人は名誉と正義と寛容を重んじた。

これは岩倉使節団と日本政府にも通知されたはずである。攘夷を叫んだ維新政府の身から出た錆が消える可能性がある。むしろ幕府が支払った金まで戻る。すると討幕派の策謀家たちが、今度は見え見えなことを始めた。

賠償金返還問題で来日したモース

すぐに維新政府が打った手は、日本の学術顧問フルベッキの解雇である。代わりに政府は、下関賠償金返還推進主義者、米国東部のラトガーズ大学の天文学者ディヴィド・マレーを文部省顧問として一八七三（明治六）年に招聘《しょうへい》し、東京大学設立をまかせた。

マレーは大学東校（医学部）と南校（文科）を統合し、総合大学たる東京大学を創立し、御茶ノ水の東京女子師範学校および同付属幼稚園、学士院などの学術機関の整備に腕を振るった。日本の教育制度万端を整備したのは、このラトガーズ大学のディヴィッド・マレーである。

マレーの招聘は、下関賠償金返還を推進するために実施されたものだが、米国教育界の高潔な精神と維新政府の下心には、残念ながら大きな落差がある。

天文学者のディヴィッド・マレーは、一八七五（明治八）年に金星が太陽を横切ることを知ると、米国やフランスの天文学者に呼びかけて長崎で観測させるなど、日本政府の期待に大いに応えた。いまも長崎金比羅山の頂上には、フランス隊が金星観測に成功した記念碑が残る。

マレーは来日前、ボードウィン大学の生物学教授に下関賠償金に関する新聞投稿を促して、見返りに東京大学でのポストを約束していた。

その投稿は一八七六（明治九）年一月にボストンやセイラムの新聞各紙に掲載された。この執筆者、ボードウィン大学教授とは、誰あろう博物学のエドワード・S・モース教授である。

翌一八七七（明治一〇）年、モース教授は東京大学教授に招聘されて来日する。横浜・新橋間の汽車のなかから大森貝塚を目にして、日本の考古学界を誕生させたのは人口に膾炙《かいしゃ》された話だが、来日の裏に下関賠償金返還運動が隠れていたとは誰も語らない。

モースは著書『日本その日その日』で、明治初期の生活を記録した学者として無邪気に称賛される。モースは来日の由来からして、日本と日本人の暮らしを絶賛する使命もあり、その著『日本その日その日』は冷静に読み直す必要がある。下関賠償金返還運動がらみで来日した事実を指摘する歴史書は希有《けう》に類する。長州藩尊攘激派が新政府の高官となったので、その汚点が今日に至っても文飾されて見えにくくなっている。

このモースは日本の古美術品の愛好家だが、膨大《ぼうだい》な古美術を収集して帰国したことは知られていない。東京大学に二五〇〇冊の図書を寄贈して図書館の基礎を作ったことは有名だが、それに見合うだけの収益をコレクターとして挙げていた。モースの手に古美術が渡ったのは、日本人が古美術の価値を知らなかったからではない。新政府の下で旧大名家や古寺院が窮乏し、生活のために売り渡したものである。

学術的業績のうえでも、外務相の許可のもとモースは大森貝塚の出土品を持ち帰り、その論文を「ネイチャー」に掲載した。それが批判されると、進化論のチャールズ・ダーウィンに働きかけて反論するなど、名声を得た。

だからといって筆者は、モース教授の人格と業績を貶《おとし》めるつもりはない。あまりにも偏った記述がなされていることを指摘するのみである。

もっと露骨な新政府の御追従《ごついしょう》ぶりは、元米国大統領グラント将軍来日の記述である。

元大統領グラントが来日した理由

「下関賠償金返還」に賛成だった元大統領グラント将軍は妻とともに世界一周の旅に出て、一八七九（明治一二）年七月三日に横浜へ来航する。日本海軍の軍艦「金剛《こんごう》」が護衛して横浜に入港するや、礼砲が発射され、花火が打ち上げられる盛大なものだった。

横浜港では、森有礼、吉田清成《よしだきよなり》（第二代アメリカ公使）、岩倉具視、伊藤博文、井上馨ら政府総出で迎えた。グラント夫妻は、行く先々でパレードや大宴会の連続。明治天皇皇后両陛下まで夫妻を招待し、観劇に観光と、滞在中は大騒ぎだった。

グラントの歓迎を歴史書は「条約改正問題」を有利にするためと記述するが、明らかに意図を隠している。「憲法」と「法律」それに「議会」が整わなければ、対等な近代国家として条約改正は行なわれない。「下関賠償金返還」促進が目的だったはずである。

グラントは大統領を二期務めたが、汚職が発覚して辞職したもので、世界一周旅行は米国世論の糾弾《きゅうだん》を避けるため、しばしの母国脱出だった。

ほとぼりが冷めるまで国外に逃げ出したグラントだが、明治政府は国賓扱いして、明治史もグラントを徹底的に美化して描く。「下関賠償金返還」促進運動の下心《したごころ》など記すことはない。

「下関賠償金返還」は米国議会で賄賂の醜態《しゅうたい》まで発覚し、賛成派の議員が反対に回るという事態まで起こった。合衆国の「品格と正義と寛容」の精神を、策略渦巻く明治政府が汚したのである。

元金七八万五〇〇〇ドルの下関賠償金は、利息付きで一七六万六七五〇ドルに膨れ上がっていた。日本政府は捕らぬ狸の皮算用で、利息付きの返還を狙ったと思われる。ワシントンでは不祥事の連続で、返還賛成派は焦って「元も子もなくなる」のを恐れた。下関賠償金の元金のみの返還を、一八八三（明治一六）年二月二二日、合衆国上院と下院で成立させた。

こうして同年四月末、ビンガム米国公使から、井上馨外務卿に下関賠償金は返還された（中西道子「横浜築港と下関砲撃事件賠償金」『横浜居留地と異文化交流』所収を参照）。

この過程を見ると、一八七九（明治一二）年にモース教授をはじめとする米国のお雇い教授が予算不足の理由で次々と馘首《かくしゅ》されたのも、日本側の「下関賠償金返還」促進への圧力と推測できる。

しかし、いざ下関賠償金が返還されると、その用途はとんでもないものになる。

横浜市水道局に見る明治史の歪曲

森有礼が考えてジョセフ・ヘンリーが賛成した「賠償金返還による日本の文化施設の構

築」は捨て去られた。

代わりに横浜港の築港と横浜居留地の水道付設費用に充《あ》てられた。入札で一八八四（明治一七）年、英国人の工兵大佐パーマーに委ねられたのだ。

はるか以前から、貿易商は横浜港の桟橋《さんばし》の完備を求め、横浜居留地の外国人は水道建設を求めていたが、それをパーマーが落札した。予算は一〇〇万ドル。賠償金返却額が利息付きなら可能だったが、元金なので二一万五〇〇〇ドル不足するが。そこは「思いやり予算」で捻り出したのだろう。

かくて、森有礼の努力と米国の「品格と正義と寛容」を体現した高尚な下関賠償金は歴史の闇部に溶け込み、卑俗な「わが国、水道の父パーマー」のみが喧伝《けんでん》される。

いまも横浜市水道局はパーマーの設計した浄水場をうやうやしく記念するが、幕末長州藩の攘夷運動による幕府の賠償金と、それを返還した崇高《すうこう》な米国知識人の記念碑はない。なにより下関賠償金返還に奔走して亡くなった「奴隷解放宣言」の起草者ウィリアム・スワードの名も森有礼の名もないのは、明治史の歪曲《わいきょく》がいかに露骨であるかを示す。

開国への内圧に対し松平定信は

漂流民を届けた外国使節が記した江戸時代の日本人の心境を読んでいただきたい。

「庄左衛門《しょうざえもん》は長い時間居座り、とても開けっ広げな態度を取っていた。自分たちの国の馬鹿げた法律を嘲笑し、私たちの船が着いてからというもの、自分が日本人に生まれたことを不幸に思った、と述べた。漂流民のことが羨ましい、なぜなら彼らは世界を見ることができたのだから、と。（略）最後に私たちの質問に腹立ちまじりにこう答えた。『人間が生まれたのは、飲んだり、食べたりするためだけではない、学ぶためなのです。それが人間の糧《かて》となるのです。もしわたしが日本の将軍ならば、ただちに法律を変えるのですが。ただ信じてください。奉行も同じことを感じています』と」

庄左衛門とは長崎のオランダ通詞の本木《もとき》庄左衛門である。記録したのはロシア使節のニコライ・レザーノフだが、時は一八〇四（文化元）年である。

ペリー来航の半世紀前は、通商交易は長崎通詞のみならず、日本人の悲願だった。開国の内圧も強かったことは強調されないが、開国へ向けて営々と努力した長崎町人や長崎警備の九州諸大名をはじめ、多くの日本人がいた。そのなかには幕府の要人も多く含まれる。

ロシア使節レザーノフが長崎に来航したのは、老中筆頭の松平定信《まつだいらさだのぶ》直筆の「信牌《しんぱい》（入港許可証）」を持参していたからである。

松平定信は、一七九二（寛政四）年、漂流民の大黒屋光太夫《だいこくやこうだゆう》たちを送還して根室《ねむろ》に寄港したロシア使節アダム・ラクスマンから通商貿易を求められて、貿易地交渉のため、長崎入港の「信牌」を与えていた。

松平定信が失脚し、ナポレオン戦争などもあり、ロシア使節のレザーノフが定信の「信牌」を持って長崎に来航したのは、一二年後の一八〇四（文化元）年のことである。このときも漂流民送還を兼ねて長崎に来航し、通商交易を求めた。

あらためて長崎奉行は江戸に問い合わせたが、老中の顔ぶれは変わり、評議は定まらず、約半年もレザーノフとロシア艦の乗組員は長崎で待たされた。

やっと半年後に、江戸から目付・遠山景晋《とおやまかげくに》（北町奉行・遠山金四郎《きんしろう》の父）や漂流民受け取りの御小人目付などの旗本が到着した。支配勘定の太田直次郎《おおたなおじろう》（南畝《なんぽ》・蜀山人《しょくさんじん》）も随行した。その持参した結論は「通商拒絶・ロシア皇帝からの贈答品拒否・信牌回収」だった。それを伝える幕府役人や長崎通詞の反応が興味深い。

交易拒否に落胆した幕臣と大名

江戸での評議が長引いたのは、老中筆頭の戸田氏教《とだうじのり》が「信牌無効」「祖法堅持」を主張して議論定まらず、朝廷の裁可を仰いだためらしい。朝廷と将軍の関係は、文化年間には幕末と同様に考えられていた。

目付・遠山景晋、長崎奉行両人以下、諸役人列坐のもとで「通商拒絶」を言い渡されたレザーノフは激怒したが、「奉行所の全役人の悲しげな顔」で怒りを鎮めた。長崎奉行以下も「通商禁止」に落胆していたのである。その結果を耳にした肥前藩の警固の侍は驚き、吐き捨てるようにいった。

「幕府は一体全体なんてことをするんだ！」

幕府倒壊の約七〇年近く前から、幕府の「祖法」への不満が底流にあった。江戸から来た幕吏たちも余程《よほど》憤慨していたようで、老中の決定の経緯《いきさつ》を洗いざらい長崎通詞に語ったと見える。小通詞筆頭の本木庄左衛門は、通商に反対した老中首座の戸田氏教を「人でなし」とまで罵って、自信ありげにいった。

「この恥ずべき決定をした戸田氏教は、もう六〇歳（本当は五一歳）です。悪い連中というのは年取って生き残ることができません。不安が彼らをダメにしてしまうのです」

江戸からの幕臣・増田藤四郎《ますだとうしろう》は、別れの挨拶をレザーノフにするとき、その手を握り、約束する口調でいった。

「江戸にはロシア人の利益になる意見を伝えます。奉行所の役人は、今回の拒絶で長崎中が悲しみに暮れたと語っています。日本人は全員同じように感じています。大名や奉行だってそうです。それは保証します」

帰府した幕臣たちは老中・戸田氏教へ苦情を集中させたようで、翌年、戸田は病気を理由に老中を辞し、間もなく五三歳で没する。本木庄左衛門の「悪人は長生きできません」の言葉を考えると、老中戸田は責任を取らされたように思える。

この事実を記したレザーノフの『日本滞在日記』は、ペテルブルク市立図書館に秘蔵されていたが、日露外交の失敗例として公刊禁止だった。そして一九九四年に初めて公刊され、日本では二〇〇〇年にレザーノフ著『日本滞在日記』として翻訳・刊行された。

これが出版されてから、日本の外交史は、変更を求められている。

「突如姿を現わした黒船」は嘘

「砲声一発、浦賀の夢を破り」との決まり文句で講義を始めたのは、明治の東京帝国大学哲学科教授の井上哲次郎《いのうえてつじろう》だった。岡倉天心《おかくらてんしん》の同級生で、夏目漱石や正岡子規《まさおかしき》の周辺で「井の哲かぁ」といわれたが、いまもこの傾向はテレビなどで見る。

すなわち、「嘉永《かえい》六（一八五三）年、突如、浦賀沖に姿を見せた黒船に天下騒然」と「井の哲」節をやる。見てきたような大嘘である。

実際は、幕府老中のみならず、浦賀奉行所与力や長州藩兵学者の吉田松陰、信州松代《まつしろ》藩の佐久間象山《さくましょうざん》も、まだかまだかと黒船を待ち構えていた。吉田松陰の手紙に「やはり北米船」とあり、佐久間象山たちが「このザマだから」と浦賀で愚痴った。浦賀の宿は、どこも兵学者で満員である。

兵学者たちは、西洋の軍艦と武器を目で確かめたかった。日本の大砲は一貫目玉で口径九センチ、二貫目は一二センチ、五貫目は一五センチで、それぞれの口径相当の鉄球を四〇〇から五〇〇メートル飛ばせるに過ぎない。西洋軍艦に届かないし、命中しても艦に穴も開かない。速射砲で反撃されれば木《こ》っ端《ぱ》みじんである。そこまで知っており、どのように強力な武器か目で見て知りたかった。

幕府が外国艦隊の浦賀来航に備えていたことは、浦賀奉行所への制度改正でも分かる。すでに一八四七（弘化四）年、遠国奉行の末席だった浦賀奉行は、長崎奉行の次席、諸大夫場《しょだいぶのば》へと昇格していた。天文方詰め紅毛通詞と学問所詰め唐通詞も浦賀奉行所に出勤となり、与力は六人増、同心も一〇人増員されて、明らかに外国船対応の奉行所に拡張された。

ペリー来航の六年前の一八四七年から浦賀奉行所が強化されたのは、すでに日本の一部は開国されており、情報の回路があったからだ。英仏両国人が日本で生活していたし、フランスとの通商条約締結も幕府は認めていた。日本が初めて通商条約を結んだ相手はフランスだった。

そのため大藩首脳の一部と幕府首脳は、英仏両軍の近代化された火力を知っていた。西洋人の振る舞いの情報も入っており、浦賀奉行所与力は「無名の軍《いくさ》」を避けるように進言して、大目付・西丸留守居の筒井《つつい》政憲《まさのり》は国際間の「信義」を進言した。ペリー来航で一発の砲声も聞こえなかった。すでに日本の一部は開国後であり、幕府へ情報が集積し、平穏に交渉が進んだのだ。この事実も無視されている。

幕府より早かった沖縄の開国

日本国内で最初に通商条約を結んだのは沖縄県、当時の琉球王府だった。一八四六（弘化三）年、立て続けに英仏艦隊が琉球に入港し、通商条約の締結を求めた。すでに琉球には英仏人の宣教師もおり、監視下ではあるが、家族で生活していた。

琉球王府は薩摩藩の支配下にありながらも清国（中国）の冊封も受けて、日清両属の形式をとる。浦賀奉行所が強化された切っかけは、一八四六（弘化三）年、フランスのセシーユ少将率いる艦隊が来航し、一五〇名の警備兵とともに上陸、通商条約を求めたことにある。

もとより琉球王府の判断だけでは決定できない。実権は薩摩藩が握っているので、藩主の島津斉興《なりおき》・世嗣《せいし》の島津斉彬《なりあきら》親子が、老中・阿部正弘《あべまさひろ》に相談した。それも、斉興の老臣・調《ず》所笑左衛門《しょしょうざえもん》は、阿部正弘と人払いのうえで交渉したのだ。

二八歳の青年老中の阿部は、「琉球は外藩なるを以《もっ》て幕府は干渉せず」と結論して、将軍・徳川家慶《いえよし》の裁可も得た。かくて「琉仏通商条約」が一八四七（弘化四）年に結ばれた。

明治になってからは沖縄県だから、日本初の開港地は「沖縄県」とするべきだが、なぜか琉球王府の条約は日本史で特筆されない。一八七九（明治一二）年、政府は官吏三〇名余、巡査一六〇名余、歩兵大隊四〇〇名で首里《しゅり》城を武力占領をして、沖縄県を設置した。となれば、日本初の条約として「琉仏通商条約」は重視されるべきと思う。

実際、老中阿部正弘と島津斉彬は昵懇《じっこん》で、同じ目論見を持った。琉球を通じて西洋の軍艦や武器を輸入し、近代化を促進する。長崎貿易の利益を損ねる、との声を阿部は「国難を惹《ひ》き起こす」としりぞけた。沖縄を日本開国の防波堤にする趣《おもむき》もなきにしもあらずだが、老中・阿部正弘は、琉球の開国問題を処理するため斉彬を鹿児島に帰国させた。

後に集成館で知られる反射炉（製鉄）、軍艦製造など、西洋技術を斉彬は試行する。その政策に反対した調所笑左衛門は一八四八（嘉永元）年、切腹を命じられた。

この年には、老中・阿部が幕命で島津斉興に隠居を命じ、斉彬を藩主の座に据えた。ペリー来航を目前にして、事は急を要したのである。

この出来事は島津家の家督争い「お由良《ゆら》騒動」で語られるが、裏には、老中・阿部正弘と筒井政憲、川路聖謨《かわじとしあきら》、砲術方・下曾根金三郎《しもそねきんざぶろう》（筒井の次男）、林大学頭《はやしだいがくのかみ》らによる開国に備えた幕府政策があった。阿部老中の腹心は大久保忠寛（一翁）で、抜擢されたのが非役の御家人だった勝海舟である。

琉球王府の「斉彬崩れ」とは何か

島津斉彬は一八〇九（文化六）年の生まれで、藩主になった一八五一（嘉永四）年は四三歳である。若い頃に長崎でシーボルトに会見し、川本幸民《かわもとこうみん》、箕作阮甫《みつくりげんぽ》、高野長英《たかのちょうえい》、杉田成卿《すぎたせいけい》などに洋書の講読や翻訳をさせ、自らも蘭語を学んだ。当代一流の洋学者でもある。

藩主となった斉彬は、琉球に駐留する英仏の宣教師から語学を学ぶ琉球王府の通詞を、平士から「日帳主取《ひちょうぬしどり》」と称する琉球王府の役人に引き上げて、姓を「牧志《まきし》」とした。親しく牧志を謁し、西洋知識を仕入れた。その傍《かたわ》ら手足になる庭方に西郷を引き抜いた。

島津斉彬は着々と開国の準備を進める。腹心の市来四郎を極秘で琉球に派遣し、滞在中の仏人宣教師ジラールに軍艦・武器の購入と英・米・仏への留学生派遣、貿易強化を依頼させた。

むろん、琉球王依頼の形式をとるので、事の重大性に琉球王府の役人は驚いた。

「ご依頼のことは容易ならぬこと、とにかく国王に相談いたしてみます」

その結果、市来四郎は琉球王府の服装で、トカラ列島の伊知良親雲上《いちらペーチン》と名乗り、フランス人宣教師ジラールと会見した。牧志の通訳で、軍艦購入の契約書を交わすまでに至った。ところが事態は急変した。島津斉彬が急死したのである。

島津家の家督は忠義が継いだが、実権は斉彬の異腹の弟・久光が握った。久光は「地ゴロ」で幕府首脳との交際がなく、幕政にも通じていない。阿部正弘以来、幕府は開国策をとるとも知らず、急遽、斉彬の計画を白紙に戻した。琉球のフランス人宣教師ジラールを通じた軍艦と武器輸入契約をキャンセルしたのである。

この白紙撤回で進退に窮したのが市来四郎で、切腹まで覚悟した。そのとき琉球王府が注文契約取消に奮闘する。琉球王府はジラールに、以下のように説明した。

「注文主の伊知良親雲上が落馬して急死したので、軍艦の代償が支払えなくなった」

言葉だけでは信用されないので、王府は伊知良の空の棺を中心とした葬儀を厳かに執行し、ご丁寧にも墓まで建てた。

この茶番劇をジラールが信じたかどうかは不明だが、そこまで必死にやられれば、フランス側も惻隠の情で承諾せざるを得ない。

市来四郎が鹿児島に帰ると、琉球王府では「斉彬崩れ」と呼ぶ人事一新が起きた。薩摩藩に協力した人びとが拷問や凄惨な迫害を受けたのである。

これに懲りたせいか、生麦事件のあと、島津久光が英国との交渉のため通詞の牧志を鹿児島に招いたとき、怯えた牧志は那覇《なは》からの船路で海中に飛び込んで没してしまった。

幕末の名君・斉彬は、その後継者が幕政に無知だったため、より際立つのである。

話西東と奈波烈翁とは誰か

阿片《アヘン》戦争での中国の敗北と香港の英国領化も幕府や有力大名は知っていた。弘化年間（一八四四～四八年）の阿片戦争の余波で、オランダ国王の「開国勧告」を幕府はひた隠しにしたが、「和蘭告密」の名で漏洩流布《ろうえいるふ》した。

阿片戦争の実録を記した嶺田楓江《みねたふうこう》著『海外新話』は、江戸で秘密出版されて五〇冊流通してから幕府に発覚し、発禁となった。著者の嶺田楓江は丹後《たんご》（京都府）田辺藩の儒者で、蘭学も学び、中国書籍から執筆したものである。発禁処分に遭っても写本で広く流通した。

幕末になれば海外の歴史的人物の名は知られていた。次の名をご存じか？

「話西東」と「奈波烈翁」である。

「話西東」はワシントン。幕末の志士は、「米国人は、英国の苛政に苦しみ奮興努力し、英国に鎖港攘夷（ボストン茶事件）し、話西東（ワシントン）は衆と共に大義を唱え、遂に独立の偉功を奏する」——そんな解釈をして、英雄として崇《あが》めた。

「奈波烈翁」はナポレオンのことである。

「人民蜂起し共和の世を作り、奈波烈翁ひとたび立つや英雄創業の人（ナポレオン皇帝）となる。その威をもって異国をも併吞す」

坂本《さかもと》龍馬《りょうま》が陸援隊の中岡慎太郎《なかおかしんたろう》に「大政奉還《たいせいほうかん》」策について語ったとき、「そんなことは英雄創業の人、奈波烈翁ぐらいしかできない」と中岡慎太郎は笑い飛ばしたほど、志士たちは奈波烈翁を尊敬した。幕末志士の蔵書を調べた研究では、この二人に関する伝記が多かった（芳賀登『幕末志士の生活』を参照）。

その志士たちが作った新政府は、一八八二（明治一五）年、演説会で「フランス革命史を引用した」との理由で、「集会条例違反」「禁獄三年」「罰金二〇〇円」を科した（静岡県）。新政府の正当性の基盤を疑わざるを得ない。

享保初年まで朝廷とは幕府

元禄《げんろく》年間から享保《きょうほう》初年まで、「朝廷」とは「幕府」を指した。荻生徂徠《おぎゅうそらい》が幕府を「朝廷」と記しているほどである。

それが突然、京都の朝廷の権威が浮上する。「公儀（幕府）を知れども、朝廷あるを知らず」が諸藩の実情で、特に幕府を重んじる土佐城下は「勤王」の言葉さえない。武市半平太《たけちはんぺいた》こと武市瑞山《ずいざん》が、新思想の土佐勤王党の結成者である。

武市瑞山は、下士と郷士の間の「白札」と呼ばれる階級で、城下で町道場を開いた剣客でもあり、白皙《はくせき》の美青年で知られる。

江戸の藩邸で武市が土佐勤王党を結成したのは一八六一（文久元）年八月で、翌月には土佐に帰国して郷士・足軽・庄屋層を中心に二〇〇名が参加した。武市瑞山の仇名《あだな》は「天皇好き」である。勤王家の代名詞もない当時、最先端の思想だった。

武市瑞山の「天皇好き」は、いまなら勤王家の一言で済むが、半端なものではなく、天皇を恋い慕う。「天皇」の言葉だけで武市瑞山は落涙したほどだ。党首にならって土佐勤王党は、天皇の話題になると直《す》ぐ泣くのだった。誰かが天皇のことを語り始めると武市瑞山をはじめ全員が涙声になったと伝えられる。歴史の細部は想像を絶する。

他の地域の勤王家にも通じるか不明だが、平安時代より貴公子はハラハラと泣くことが男の美意識だった。それが江戸時代も後期になると本居宣長《もとおりのりなが》以来の国学が平田篤胤《ひらたあつたね》によって激越化し、やたら天皇を有り難がり、嗚咽《おえつ》するようになる。

江戸後期の「寛政三奇人」の一人、高山彦九郎《たかやまひこくろう》は天皇の権威を再発見した人で、京都の三条大橋にぬかずいて皇居を拝んで泣いたり、足利尊氏《あしかがたかうじ》の墓をむち打つなどした。寛政《かんせい》年間は奇人の奇行とされたことが、幕末の尊皇攘夷運動では実行される。土佐勤王党は天皇の話で落涙し、平田派国学者は足利三代の木像を梟首《きょうしゅ》した。モデルは高山彦九郎である。

高山彦九郎は、久留米で突然、自刃したが、これは平田篤胤の「平田派国学」の死生観につながる。平田篤胤は『日本書紀』を歴史的事実とするだけでは飽き足らず、現実の規範

（現実の法則）とした。人は死後、大国主《おおくにぬし》の支配する幽冥《かくりよ》に行くとして、生前の行動は死後の世界での安心のためにあると説いた。

「この世は、人の善悪《よきあしき》を試み定める仮の世で、死後の幽世《かくりよ》こそ人の基本的世界（本世《もとつよ》）である」

この思想が死を軽んじる激越な行動に駆り立てる。一八六二（文久二）年から一八六四（元治元）年まで京都で吹き荒れたテロは、平田派国学者によるものが多い。平田派国学者は御一新で新政府に「神祇官《じんぎかん》」を設置し、廃仏毀釈《はいぶつきしゃく》を推進した。「八幡大菩薩《はちまんだいぼさつ》」から菩薩号を消して「八幡大神」に変え、応神《おうじん》天皇を祭神とするなど、いまも廃仏毀釈の後遺症が各神社の解説板に残る。

東の夷＝幕府を倒すのが尊皇攘夷

本居宣長よりこのかた国学では、「からごころ」を排斥した。仏教は唐《から》由来なので幕末には軽視され、外国人の宿舎に寺院が用いられた。外国人向けの大きな建物は寺院しかなかったと説明するのは、仏教軽視の事実を隠蔽するものである。

平田派国学の死生観に加え、「天保学《てんぽう》」や「水府学《すいふ》」の藤田東湖が「神国日本をケガす夷狄攘《はら》うべし」との意味で「攘夷」の語を作った（『弘道館記』一八三八年）。たちまち志士の間で流行語となる。水戸学とは後の呼称で、幕末には「水府学」や「天保学」である。

その「攘夷」も「下関砲撃事件」「薩英戦争」に敗れると最先端の思想ではなくなり、森《もり》田節斎《たせっさい》の尊皇攘夷論に移る。節斎は大和国の人だが、京で学び開塾し、梅田雲浜《うめだうんぴん》、吉田松陰、春日潜庵《かすがせんあん》を門下に持つが、一八六三（文久三）年から倉敷で塾を開いた。

「攘夷家の隊長」と称される森田節斎は、倉敷の塾で時代の推移を見抜き、西欧文明の力と開国すべきことも知っていた。中風に効く舶来の電気治療器ガルバルを愛用した節斎は、電気でビリビリやりながら、刺激で震えつつ明言した。

「攘夷々々と叫んで居るのは〜っ、無理難題を幕府に持ちかけ、東夷すなわち江戸幕府を倒す方便とせし」

節斎は「東の蝦夷」、すなわち幕吏に追い回されたが、「攘夷はすなわち討幕。しこうして王政復古すなわち開国。これが口にいえぬ理想」と考えていた。

攘夷＝討幕なのだから、門下生二八〇名のうち七〇名が新政府の奏任官以上になる。奏任官とは三等以上の高等官である。門下生の四分の一は、攘夷運動の政治性（討幕）を知り、その後は開国と信じていた。釜山の草梁倭館に派遣された吉岡弘毅も門下生である。

いつの間にか「攘夷運動」は「東の夷（幕府）を攘う」討幕運動に変わって、諸大藩は開国の準備をした。大藩ほど貿易の利益を承知しており、幕府の貿易独占に反対するのが攘夷運動だった。薩摩藩が典型である。

一八六五（慶応元）年、ロンドンに到着した薩摩藩使節団は、ローレンス・オリファントの仲介で、英国政府に諸藩との直接貿易を承認するように迫っていた（オリーヴ・チェックランド『明治日本とイギリス』）。

一八六七（慶応三）年、江戸の貿易商を次々と襲撃した薩摩藩邸の攘夷派「御用盗」は、薩摩藩英国使節団の交渉内容から見ても、明らかに犯罪である。

長崎のフルベッキの記録では、一八六七年ともなれば、フルベッキに英語学校設立を依頼したのは、加賀藩、薩摩藩、佐賀藩、土佐藩の各藩主で、藩からの学生は熊本藩からも送られていた。討幕後に諸藩は競って洋学校を設立する。

「小攘夷」と「大攘夷」の違い

長州の桂《かつら》小五郎《こごろう》（木戸孝允）は、外国人排斥運動を「小攘夷」と呼び、外国文化を身に付けて西洋諸国と対峙する「大攘夷」の概念を作り出した。

もはや一八六五（慶応元）年の時点で桂小五郎の「小攘夷」は終わり、「大攘夷」に変わった。長州藩も英国へ密航留学生を送る。大攘夷のためである。

「大攘夷」は全国の志士も知る。その典型が、幕領代官手代に生まれた石黒忠悳《いしぐろただのり》である。

一八六三（文久三）年、流行の平田国学の徒・石黒忠悳は一九歳で出府する途次、松代《まつしろ》で天下の兵学者・佐久間象山に面会を申し込んだ。一書生の石黒を無視すると思いきや、象山は余りに親しく接してくれたので、さすがの石黒青年も気まずくなり、三日後に旅立つことを告げた。

「真に残念なことは、私は先生の門人になれぬことです。私どもは同志があり、攘夷家であって西洋の横文字を習い洋学を致すことを、世を惑わす非行と考えております」

横文字は蟹文字とまで呼ばれた。

佐久間象山は石黒との別れを残念がり、こういった。

「それは名残り惜しい。餞別《せんべつ》に部屋のなかの物を一つ選ぶように」

すると石黒は、本棚にギッシリ並ぶ革表紙の背を望遠鏡と間違えて、「記念に望遠鏡を一つ」……すると象山は困った顔で、「望遠鏡は天文用と測量用の二つしかない」と渋る。

石黒は恨めしそうに本棚を指さして、

「あんなにあるのに、一本ぐらい頂戴しても……」

「あ、あれか！」と、象山は目を丸くして革表紙の本を抜くと、「これは足下が嫌いな横文字の本だ」と開いて見せる。石黒は急いで目を片手で覆い、片手を振って、「横文字ばかりは御免ください。見ると目が汚《けが》れます」と悲鳴を上げた。

この頑固者の石黒忠悳は、二年後の一八六五（慶応元）年、幕府「医学所」で、目の汚れも忘れて横文字の本を熱心に読んだ。その変節の理由を次のように書く。

「洋書を学んでその奥義《おうぎ》を究《きわ》め、洋書も一つの参考書として我が日本国独立の医学を起こし、その方面において真の攘夷をせねばなるまいか、と考えた」

「大攘夷」に変わった石黒忠悳は後の陸軍軍医総監で、脚気《かっけ》の原因を「米食」とする説を否定する森林太郎《もりりんたろう》（鷗外《おうがい》）陸軍軍医を擁護した。「瑞穂《みずほ》の国」の米が病源になるはずはない――。

米をイデオロギー化した「日本国独立医学」で、明治陸軍の兵士は、弾丸よりも脚気の死亡者が桁違《けたちが》いに多くなる。大攘夷は生き続けて、無辜《むこ》なる民が攘夷の死である。

青山学院の二代総裁となる本多庸一《ほんだよういち》は、弘前《ひろさき》の津軽《つがる》藩士だったが、横浜でジェームズ・バラから英語を学んだ。後のクリスチャンでさえも次のように書く。

「英語を学ぶというも攘夷の精神から来たものである。今はかなわぬが、学んでしまえば彼らに用はないという意気込みだった」（佐波亘『植村正久と其の時代』）

第五章　江戸の官軍と幕府軍

語られぬ江戸城の武装要塞化

通説では「江戸無血開城」といわれる。

「東征大総督府参謀の西郷吉之助と幕府側の大久保一翁（忠寛）、勝海舟との和談で、慶応四年三月一四日、江戸開城となる」

江戸城の引き渡しの意味では事実だが、江戸には武家屋敷が広がる。都市としての江戸は無血で占領されたわけではない。官軍の心胆《しんたん》をぶるぶる寒からしめた事実が無視されている。そもそも江戸城からして恐ろしい光景が展開していた。

江戸城の防備は堅固で、城内には大砲が一〇〇門余りも並んでいた。しかも攻城用の巨砲ばかりで、これが火を吹けば、敵はひとたまりもない。この江戸城の防備を目にして背筋が凍り、日記に記したのは土佐の谷干城だった（谷干城『東征私記』より）。

谷は市ヶ谷《いちや》の尾州藩邸に駐屯して、江戸城攻撃に備えて邸内に砲兵陣地を構築済みだった。臼砲や軽砲を八〜九門並べたものだが、江戸城内を見学したら鳥肌がたった。一〇〇門余の巨砲が並び、この砲が火を吹いたら、尾州藩邸など木っ端みじんである。

谷は身が引き締まる思いで尾州藩邸に戻り、土佐藩兵を銃隊訓練に専念させた。なにしろ谷が率いる兵は「剣客あり、槍客《そうきゃく》あり、読書生あり」の寄せ集めの志願兵部隊であり、銃弾の装塡の仕方も知らず、逆さまに弾丸を込めるあり様だった。

幕府の武装は、諸藩に抜きん出ていた。すでに江戸は兵器廠があり速射砲を製造する技術を持っていた。フランス軍中尉のデシャルムの手紙にはこうある。

「大砲を鋳造し、砲腔《ほうこう》をあけ、砲身内に線条（ライフル）を付けている」

かなりの大砲が備えられていたと見える。他にフランス政府に輸入を依頼し、同国外相の承認で購入したカノン砲（速射砲）もある。一八六五（慶応元）年五月に横浜に届いた巨砲で、金額も商人の値段の一〇分の一なので驚愕《きょうがく》した（小島英記『幕末維新を動かした８人の外国人』より）。

それは古いナポレオン砲で、大き過ぎて使い道がなく並べてあっただけに過ぎないが、江戸占領軍の肝《きも》を冷やすには充分である。

内堀内で旧幕臣に包囲された官軍

東征大総督府参謀の西郷吉之助（隆盛）は、いったん京都に江戸の状況を報告するため出立した。その間、江戸市中取締は、旧幕府に任された。西郷は旧幕の勝海舟と大久保一翁を信頼しきっていた。

官軍が支配するのは大名屋敷で埋まる江戸城の内堀内である。その外は、幕府が結成した江戸市中取締の「彰義隊《しょうぎたい》」が、夜間は提灯《ちょうちん》を下げて巡視した。彰義隊の提灯は、墨で丸のなかに彰の字、義の字を書いてある。これがなかなか曲者《くせもの》だった。

諸藩の藩兵は内堀内の大名屋敷を占領したが、何がなんだかよく分からない。江戸は初めての薩摩弁やら土佐弁で、言語不通とまでは行かないが、西国諸国の城下とはまったく異なる。西国城下では侍が通ると農民・町人は土下座をする習慣まであるが、江戸は「べら棒め、二本差しが怖くて江戸に住めるか」の風土なので、ただの町人でも、官軍の兵を見ても知らん顔……あからさまに見下す者までいる。

広大な大名屋敷の歩哨に立った官軍兵士は心細くてならない。通行人を見ても、どんな風体の人物を怪しめばよいのか判断も推測もつかなかった。誰何《すいか》や訊問の要領もつかめないので、困惑の極《きわ》みである。

そこで土佐の谷干城は、麻布《あざぶ》の江戸支藩山内家（高知新田一万三〇〇〇石）へ走り込んで頼んだ。

「誰か気の利いた者を寄越してくれ」

賊状探偵の探索人の依頼である。

「だいじょうぶですよ。徳川のご家来《けらい》は、みな恭順《きょうじゅん》で、不逞《ふてい》な者など居りません」

江戸支藩の山内家では、谷の依頼を聞き流して意に介さない。谷がいきり立った。

「しかし半蔵門や桜田門のあたりは、塹壕《ざんごう》を掘り返したり、大砲を据えてあったり、さかんにやっておるではありませぬか。あれでも徳川の臣はみな恭順と申されるか」

江戸の山内家支藩の人々は大げさに仰天《ぎょうてん》してみせてから、内心「チッ」と舌打ちした。

山内家支藩は、鳥羽・伏見の戦いで土佐兵が幕軍に発砲したのを申し訳なく思って、藩主夫妻が自刃した。土佐支藩とはいえ麻布山内家は徳川家に同情し、官軍に反感を示す。そこへ下級武士あがりの谷が飛び込んで来たので、冷笑してからかったのである。この談判で、江戸には意外な光景が展開していたことがわかる。

「江戸無血開城」はセレモニーだけで、その後の現実は、官軍を慄然とさせた。江戸で官軍兵士の一人歩きはもとより少人数でも危ない。官軍兵士は目の敵にされた。

歴史書のなかには、「血の気の多い幕臣の闇討ちに遭って官軍兵士は次々と殺された」とあるが、闇討ちとは限らない。市中警備は幕臣の仕事である。

進駐はしたものの、官軍は、気がつけば内堀内で旧幕臣に包囲されていたのである。

二四日で一〇〇〇人斬られた官軍

地理不案内の官軍は、江戸市内で隊伍を組んで巡察しても危ない。

薩摩軍の巡視隊は、ゆるゆると内堀付近を歩く講武所剣術指南の旗本・榊原鍵吉《さかきばらけんきち》を誰何した。「こら、止まれ！」と居丈高《いたけだか》に命じられた榊原は足を止め、相手が薩摩兵と知ると恭順派の旗本だから、土下座までした。それでも薩摩兵は高飛車《たかびしゃ》で、剣付鉄砲を向けて「名を名乗れ」……榊原は地面に伏せた顔で、「榊原鍵吉という愚図でござる」。

すると、薩摩兵は跳ぶように逃げた。そこで逸話は終わる。その姿を目撃した幕臣は、「それ！」とばかりに、押っ取り刀で三人の薩摩兵を追跡してバッサリやったはずである。

諸藩の江戸占領軍のしたことは語られないが、占領軍の常たる傲慢《ごうまん》かつ横柄《おうへい》な行為と、それを咎《とが》める敵意旺盛な幕臣との衝突があった。幕臣は恭順派だ。また彰義隊は市中警備だから理由なく闇討ちするわけがない。勝利に驕った目に余る行為が続発し、官軍兵士たちは幕臣の刃の錆となった。

高慢な官軍兵士が、いかに幕臣や彰義隊によって斬られたか——これを証明するのは薩摩と長州の負傷者の記録である。

一八六八（慶応四）年閏《うるう》四月一八日の横浜・野毛山《のげやま》の官軍「軍陣病院（ミリタリー・ホスピタル）」は負傷者であふれ、英国人医師のウィリスは「約二〇〇名の負傷者を診ています」と記す。上野の彰義隊と戦う約一ヵ月前、官軍は二〇〇名もの負傷者が出て、横浜の軍陣病院に担ぎ込まれたのだ。

そのなかには薩摩の「人切り半次郎《はんじろう》」こと中村半次郎（桐野利秋）もおり、ザックリやられて運び込まれた。江戸の各地で血飛沫が上がった証拠である。

上野広小路《ひろこうじ》の町娘の回想では、江戸市中で「若い女がさらわれる」事件が頻発した。また、「薩摩のきり揚げ」を売る店へ官軍二人が訪れて、「これはなんだ？」「薩摩のきり揚げでございます」「無礼者！」と、主人が斬られる事件もあった（増田わか談）。

彰義隊の任務は、上野輪王寺宮《りんのうじ》と宝物の警護、そして市中取締だった。吉原《よしわら》帰りの薩摩の官軍兵士三名が谷中三崎町《やなかさんさきちょう》で、彰義隊とすれ違いざま「馬鹿」と罵声を浴びせた。彰義隊士は黙ってすらりと刀を抜いたので、示現流《じげんりゅう》が自慢の官軍も抜こうとしたが、彰義隊士の構えが直心影流《じきしんかげりゅう》の手だれと分かり、官軍兵士は踵《きびす》を返して逃げ出した。そのうち一人は逃げる背中を袈裟《けさ》懸《が》けに斬られ、「それっ」と出てきた彰義隊が残り二人を追いかけて、薩兵はスパリと斬られた。これらの事件の頻発は、江戸進駐軍を怯えさせた。

この現実を歴史書は書かないが、フランス軍事顧問のレオン・デシャルム中尉は、江戸開城から二四日後に、横浜から故郷への手紙にこう書いている。

「江戸の北部辺りでは非正規軍が彷徨《ほうこう》し、彼らは南からきたと思われる者（官軍）を襲撃して、その首を江戸に送り、南（官軍）の使者に退却するように知らせています。数日来、すでにこうして一〇〇〇人ほどの首が駕籠に入れられて送られてきました」（滑川明彦「フランス士官デシャルム中尉が見た幕末日本」『横浜居留地と異文化交流』所収）

文中「江戸の北部辺り」とあるが、時期的に見て江戸城の北東、上野に頓集する彰義隊と思える。この報告を信じれば、江戸開城から毎日、四一名前後の官軍が斬られたことになる。この年の四月は閏四月があるので、五月一五日の上野彰義隊攻撃の四十数日前に当たる。この時点で、官軍陣営に向かい一〇〇〇個もの生首が駕籠で運ばれたのだから、その後の四十数日でどれだけの数が増えたか知れない。

横浜のデシャルム中尉を驚かせた「一〇〇〇の首」は、「若い女をさらった犯人」「薩摩のきり揚げの主人を斬った二人組」なども、探し出されて斬られたことを示唆《しさ》する。そんな事件が頻発《ひんぱつ》したのである。

幕臣の脱走は組織的かつ意図的

徳川家首脳の「恭順路線」に反撥した抗戦派幕臣は脱走したと語られる。そのため「幕府脱走兵」の名で知られるが、これも眉唾ものの名前で、名と実は違う。

新選組の近藤勇《こんどういさみ》は一万石の旗本に昇進し、甲府城奪取に向かったが、手前の甲州・勝山で敗れ、下総《しもうさ》・流山《ながれやま》に落ちて官軍に包囲された。流山の酒造業「永岡屋」の本陣を包囲された近藤勇は、大久保大和《おおくぼやまと》の偽名で自首したが、土方歳三《ひじかたとしぞう》は脱出した。なぜ流山なのか、さらに包囲された土方歳三はなぜ逃げおおせたのか——。

流山は広大な幕府の牧が展開する地なので、あらかじめ決められた幕府脱走兵の集合地である。官軍は土方歳三を追うと兵力に勝る脱走幕府兵に攻撃される恐れがあった。土方歳三などぬけぬけと江戸に戻り、近藤勇の助命嘆願書を大久保一翁に書かせている。

通説とは異なり、幕臣の脱走は組織的かつ意図的に行なわれたものだった。それは土佐藩の板垣退助と谷干城の情報収集で明らかである。

板垣と谷の土佐藩部隊は、臼井清左衛門《うすいせいざえもん》を密偵として、上野に頓集する誠忠隊に潜入させた。そして、さらに松下家の吉井顕蔵《よしいけんぞう》配下の者を彰義隊にもぐりこませた。両密偵の情報を板垣と谷が摺り合わせると、情報は一致した。その結果、旧幕首脳の作戦意図が明瞭となった。幕府首脳と脱走兵の関係は次のようである。

「旧幕の首脳（大久保一翁と勝海舟）は、江戸で事を起こすと恭順する慶喜を悩ますだけで効果はない。むしろ脱走兵に関東諸藩を説得させて、会津と連携をとり、東北各藩とも連合し、共同戦線を張れば、徳川氏復興（江戸残留）も可能である。それに失敗しても慶喜に累が及ぶことはない。そう踏んで、旧幕臣の関東各地への脱走を勧めている」

以上が土佐藩の収集した旧幕首脳と上野頓集組幕臣の情報である。大久保一翁は、したたかに徳川家の江戸保持のため幕臣を組織的に脱走させていた。恭順の陰で智略を絞って、奥羽諸藩と結束し、圧力をかける作戦だった。

それを知った板垣と谷の率いる土佐藩兵は、先手を打って北関東方面へ進撃展開した。上野の彰義隊は放置しても事を起こすことはなかった。ただ江戸進駐軍が軍律を厳守しさえすればよかったのだ。

大村益次郎の無慈悲な作戦

上野に頓集する彰義隊を「不穏な勢力」と判断したのは肥前藩の探索者で、誰あろう江藤新平である。浮足立った官軍から苦情も殺到したと思う。進駐軍は勝者の驕りで、被害者意識が強い。

江藤は京都の朝廷政府「太政官」へ戻り、その旨を報告した。その報告を聞いて激怒したのは薩摩の大久保利通だ。

「西郷は勝に騙《だま》されている。もはや江戸を西郷と大久保一翁、勝海舟に任せておけぬ」

そう太政官（朝廷政府）に迫った。新たに関東大監察・三条実美を任命し、肥前の江藤と土佐の小笠原唯八《おがさわらただはち》を諸道軍監とした。併せて長州の大村益次郎《おおむらますじろう》を軍防事務局判事に任じ、「彰義隊征伐」を命じて、閏四月に江戸に向けた。西郷は降格である。

大村益次郎が彰義隊の討伐に当たる。西郷は、江戸の旧幕軍を抑えるには少なくとも二万の兵力がいると踏んだが、大村益次郎は案に相違して、こう主張した。

「現在、江戸進駐の官軍兵力三〇〇〇で充分、旧幕軍を討てる」

江戸に着いた大村益次郎は、五月一一日、旧幕（彰義隊）による江戸市中取締を停止し、一三日には上野輪王寺宮法親王に退去を通告。一四日には、徳川家に布告した。

「来る五月一五日、上野東叡山《とうえいざん》に頓集の彰義隊を討伐する」

前日の宣戦布告である。いまも「江戸市中の旧幕勢力を上野に集めた」と称賛されるが、小首を傾げる。彰義隊の対策を徳川家と相談しないで、いたずらに事を荒立てたと思える。

幕府「蕃書調所」で村田蔵六《むらたぞうろく》を名乗った大村益次郎は、外国目付時代の大久保忠寛（一翁）を知りながら、よくも無慈悲《むじひ》な作戦を立案したものである。

その大村益次郎は西郷を疑ったのか、攻撃前日の五月一四日まで作戦配置図を見せなかった。初めて上野攻撃の作戦配置図を見せられた西郷は、這うように地図を凝視すると顔を上げて、「薩兵を皆殺しせられる朝命でごわすか」と訊いた。大村は天井を凝視し、扇子をパチパチとさせてから「左様」。返す言葉もなく西郷は退出した（『防長回天史』より）。

江戸の地理も知らない諸藩連合軍で攻めるにしては、戦術的に杜撰《ずさん》である。上野寛永寺の高台の下、谷中は諸寺院の高い塀がひしめく地で、地理不案内な進駐諸藩は不利だった。多大な犠牲が出るのは明白である。

アームストロング砲を日本人に？

上野の山に頓集したのは「烏合の衆《うごう》」とされるが、彰義隊や旧幕臣だけでなく、関宿《せきやど》（千葉県）、浜田（島根県）、桑名《くわな》（三重県）、高田（新潟県）、庄内（山形県）、会津（福島県）、松山（愛媛県）、小浜《おばま》（福井県）、明石《あかし》（兵庫県）など、譜代諸藩の脱藩組もいた。

大村益次郎の唐突かつ強硬な宣戦布告で憤懣《ふんまん》やる方ない面々である。

攻撃の直前、降りしきる豪雨のなか、騎馬で疾駆してきた二人の侍が説諭した。

「我々は静寛院宮ならびに天璋院の使者である。開戦を見合せ、主家の保全を思わば、武器を捨て降伏すべし。無謀の軽挙は徳川家に害ありて益はないぞ」

使者は服部筑後守《はっとりちくごのかみ》と一色純一郎《いっしきじゅんいちろう》だが、上野山内から池田大隅守《いけだおおすみのかみ》が拒絶した。

「厚意に感謝申し上げる。しかし武士の意気地として一戦も交えず降参はできない」

一方的な官軍の宣戦布告に敵意猛炎だった。二人の使者は虚《むな》しく馬首を返した。間もなく沛然《はいぜん》たる雨のなかで戦闘が始まった。

午前七時、薩兵の黒門口への銃撃突入である。

高台に彰義隊の主力が大砲を据えて陣取るので、薩摩軍も野戦砲を繰り出し、砲撃と射撃戦で流血淋漓《りんり》となり、午前一〇時になっても一進一退が続く。

池之端《いけのはた》の富山藩邸（東大附属病院）に肥前・筑後両藩のアームストロング砲が布陣し、本郷台の加賀藩邸（東大構内）に藤堂《とうどう》藩の臼砲と備前藩の砲隊が放列を敷いているが、どれも沈黙である。

諸藩の大砲が沈黙した理由は定かではない。照準もさることながら、東照神君の上野寛永寺と輪王寺の宮様に弓を引くのに抵抗があったのかもしれない。なぜなら日光東照宮も戦禍を逃れた。半年前まで諸大名にも聖地である。

とすれば合理主義者・大村益次郎の誤算だった。土佐藩軍監の報告は、暗に大村益次郎の作戦を批判している。

「肥前の機械（アームストロング砲）は極よろしきものなれど、総じて人物は勇壮ではない。とても軍《いくさ》などはどう詮議しても、とても出来ぬものなり」

肥前兵は戦意がないと批判されているが、もともと対外国軍艦へ備えたアームストロング砲で、日本人を吹き飛ばすことには逡巡もある。当時の日本人の心性としては、ペリー艦隊と交渉した浦賀奉行所与力の香山栄左衛門《かやまえいざえもん》の例が挙げられる。幕末の天狗党の争乱で、香山は幕府砲兵隊長で出陣したが、日本人同士殺し合うのに嫌気《いやけ》がさして、無断で帰国した。

その心の機微も考慮せず、上野松坂屋の官軍本陣で双眼鏡を手に指揮する大村益次郎は、人望を失っていたかもしれない。翌年の一一月に京都で暗殺される。

長州兵撤退で薩摩兵に多大な損害

西郷が指揮する黒門口は激戦となった。

「長州兵は来らず、よほど待ったが時が過ぎるだけで、（薩軍）後方の人家に火矢を放たれて火災となり、火は後ろから焼け来たり、さりとて敵塁堅固にして……」

書簡でそう黒門口の苦戦を伝える。

腹背を突くはずの団子坂《だんござか》から上野の山を攻める長州・肥前・肥後・大村・佐土原《さどわら》の諸隊は、高台の彰義隊に射撃されて、路地の伏兵からも銃撃を浴び、思うように動けない。根津《ねづ》～谷中に展開した長州藩兵にいたっては、新しく支給された最新鋭のスナイドル銃の使い方が分からず、いくら引き金を引いても弾丸が出ないので、急いで加賀藩邸に戻り、新兵器の操作訓練を受けたとある。

この記録は、にわかには信じ難い。操作訓練なしの武器で実戦に出ることは考えられない。事実だとしたら、大村益次郎の用兵術は、信じられないほど無謀である。

長州藩が展開した根津～谷中の一帯は寺院だらけで、地の利に明るい彰義隊が寺の路地から射撃して長州兵を七名倒し、寄せつけない。長州藩は負けをとり繕って「新兵器の操作訓練で加賀藩邸へ戻る」と書いたが、実際は逃げたのである。西郷が攻める黒門口では、長州藩の側面援護なしで、彰義隊を一手に引き受けたことになる。

仏師の高村光雲は、一五日の夜明けとともに、兄弟子の安否を気遣い上野広小路に近いドブのなかをじゃぶじゃぶと歩いた。

「頭の頂天の方でシュッシュッという音がする。まるで頭の側《わき》を何かが掠って行くような音である」（『高村光雲懐古談』より）

弾丸の飛び交う最前線を市民が歩いた。光雲の回顧では「ドドーン、ドドーンと恐ろしい音」がした。富山藩邸のアームストロング砲の轟音と、上野寛永寺への着弾である。

彰義隊が浮足立って逃げ出すのは昼過ぎ。「午後二時に戦争は片づいた」とある。ほとんどの記録が筆を揃《そろ》えるが、黒門口を指揮した西郷吉之助（隆盛）の書簡では、「午前七時に戦端が開かれて、戦闘が終わったのは午後五時頃」とある。実に一〇時間もの戦いで、「余りに戦《いくさ》の時間が長くくたびれもうし候」と嘆いた。

長州兵の撤退で、薩摩藩兵に多大な戦死者が出た。彰義隊の抵抗は、歴史で語られるよりも手強かった。口を揃えて「半日であっけなく終わった」とは、新政府史観だろう。

彰義隊や他の諸隊の死者は三〇〇名をはるかに超えるが、上野に頓集した者は一〇〇〇名以上と考えられている。かなりの逃亡者もいた。

もしも長引いて夜戦になったら、地理不案内の官軍には敗戦の恐れもあった。小石川・青山・牛込《うしごめ》、そして本所《ほんじょ》・深川の幕臣には背後から官軍を襲う計画もあり、これは勝海舟の説得でやめたが、野戦となれば海舟も説得できなかったかもしれない。

彰義隊残党の精鋭部隊の突破

上野の戦争は、大村益次郎が豪語した三〇〇〇の兵力では無理で、一万二〇〇〇名もが動員された。それでも水も洩らさぬ包囲は不可能だった。

官軍は五月一五日から三日間、横浜港からの出航を禁じる命令を出し、さらに多摩川の渡船と川崎宿の通行も禁じた。横浜からの脱出を遮断し、彰義隊の西への逃亡を防いだのだ。

このとき仙台藩家老の但木土佐は、「会津藩への穏便な処分」を願って奥羽越《おううえつ》列藩の嘆願書を持参して横浜に入港したが、品川で止められた。奥羽戊申戦争阻止の機会を逃《のが》したのである。

武蔵《むさし》・相模《さがみ》一帯は、官軍に対しては面従腹背《めんじゅうふくはい》だった。事実、この厳重な警備の多摩川を渡って脱走した部隊がある。

一万石の旗本・林庄之助《はやししょうのすけ》率いる一〇〇名の部隊は、多摩川上流を渡り、野川《のがわ》村の名刹《めいさつ》・影向寺《ようごうじ》(川崎市北部)に着陣した。林庄之助は変名のようで『明治維新人名辞典』にも当該《とうがい》人物は発見できないが、川崎宿久根崎《くねざき》の年寄・五郎作《ごろさく》の記録に残る。

五郎作の記録によれば、隊は整然たる統率の下に隊伍を組み、訓練もよく施されていた。西郷の大村益次郎宛の書簡（五月二〇日付）にある依頼とも符合する。

「麻布光林寺にいた彰義隊残党が一五日夜逃げ去り、小銃一〇〇挺、大砲一門、弾薬があるというので、早速、探索・接収してもらいたい」

この「麻布光林寺にいた彰義隊残党」こそ林庄之助の一行と思われる。夜陰に乗じ、親幕府感情の強い江戸の町々村々の協力で、多摩川を渡ってのけた。西郷が気付くのは五日後のことである。

林の一行は、その後も武蔵の村々に匿《かくま》われながら相模に入り、堂々と小田原《おだわら》城に入城した。自称・林庄之助は、小田原藩主・大久保氏に官軍への叛逆を迫り、藩論を二分させた。結論が出る前に沼津《ぬまづ》に出向き、藩主・水野《みずの》氏にも叛逆を説いたが、これは失敗した。

林は小田原に引き返す箱根の宿で、繰り出してきた小田原藩兵と激戦となった。五郎作の記録はここまでである。

上野の戦争は、明治の末まで箝口令《かんこうれい》が布かれていたので、不明な点が数多い。大村益次郎の作戦は、無用な戦禍拡大と上野頓集組を拡散させた。そして、「朝敵」「賊」の烙印を押された者を奥羽に飛散させたのである。

戊辰戦争は「日本の南北戦争」

上野の山は彰義隊の死体だらけだが、「朝敵」「賊」なので放置された。兵火は三九ヵ村一〇〇〇戸余に及び、家を焼かれた人数は七二三〇人、一六日から二〇日まで罹災して握り飯を与えられた数二万二一五〇人。家財を焼かれて着の身着のまま逃げた者も多い。戦争は市民生活を破壊する。

浅草見附《あさくさみつけ》は官軍が固め、青竹の交叉《さしまた》に生首がずらりと並んでいる。彰義隊の負傷者を介抱した医者は、斬首のうえ獄門に晒《さら》された。戦国時代さながらの光景が展開したのである。

一ヵ月ほど官軍の残敵掃討作戦があり、江戸の町々は家宅捜索を受けたが、江戸っ子は佐幕派だらけ。だから、商人や町人、あるいは郊外の名主が落人《おちうど》を匿って、髷《まげ》を町人結いに変え、袢纏《はんてん》などを着せて捜索隊をやり過ごした。むろん発覚すれば匿った者も斬首である。激戦の果てに逃れて会津・若松城に立て籠もり、あるいは箱館《はこだて》・五稜郭《ごりょうかく》に籠城《ろうじょう》した者も数多くいる。

そして、大久保一翁の作戦も虚しく、徳川家は駿府《すんぷ》移住となった。すると江戸の人口は五〇万人に激減した。米国公使ヴァン・ヴォルクンバーグは、英・仏の中立宣言を守ったが、心情的には徳川幕府に好意的だった。奥羽越列藩同盟は、次のような手紙を米国公使に送り付けて来た。

「貴国の南北両地方の争乱（南北戦争）は、南部で黒人奴隷を牛馬のごとく使役するのを北方人が見るに忍びず、やむなく義軍を興《おこ》した一戦。激闘すること五年、ついに北方人の仁愛の心が貫徹して、北軍が南軍を降伏させ、三十余州が合して一つになられた由。

現今の日本は、これとまったく同じ形勢にあります。南方のすることは不仁であり、不義であります。北方は仁であり、義であり、公明正大いっさい偽りなし。もしリンコルンのごとき人物ありせば、必ずやわが北方政権の側に立ってくれることでしょう」

いうまでもなく、リンコルンとはリンカーン大統領のことで、経緯を考えると米国公使も納得した。そうして榎本武揚《えのもとたけあき》らの箱館政権を「事実上の政権」と認め、英国が要求する「中立撤廃」には頑強に反対し、実現させなかった。

明治一〇年代に江戸＝東京の人口は一〇〇万を回復するが、「青雲の志」なる言葉が跋扈《ばっこ》した。その青年たちは主に西国諸国の出である。

江戸っ子は四割以下に減少したのではあるまいか。明治の東京は勝ち組の移住者が過半を占める。

戊辰戦争は「日本の南北戦争」で、南軍の勝利は現在も続いているのである。

戊辰戦争の勝ち組の恩師とは誰か

謎めいて語られるのが宣教師グイド・フルベッキである。オランダ生まれで、機械工学を学んだが、オランダ国籍は持たない。技師を目指して渡米し、米国暮らしが長く五年以上も帰国しなかったので、オランダ国籍を失ったのだ。

さりとて米国で国籍の申請もしなかったので、米国籍もない。これが偽史の格好のネタとなった。さらに謎に拍車をかけたのは、来日した時期と場所である。

フルベッキは米国のダッチ・リフォームド教会の宣教師として一八五九（安政六）年に来日したが、日本語を学ぶのに都合の良い長崎を選んだ。長崎は国際都市で、すでに一八五五（安政二）年から、長崎奉行所にオランダ海軍による海軍伝習所が開設されていた。

フルベッキは長崎奉行に挨拶するだけで、密集地のなかに大きな家を借り、夫人とともに暮らすことができた。翌一八六〇（万延元）年の春には四名の日本人に英語を教えた。二人は長崎通詞の楢林栄左衛門《ならばやしえいざえもん》と西吉十郎《にしきちじゅうろう》、残りは薩摩の若者で後の陸軍大将・大山巌《おおやまいわお》を含む。間もなく熊本藩細川家の若者も学生になった。さらに佐賀・鍋島《なべしま》藩士三名、大隈重信、副島種臣他が加わる。大隈と副島は英語のみならず米国憲法も学んだ。副島は京都で尊攘家との交友もあった。

賢明な読者はお気づきと思うが、フルベッキは後の戊辰戦争の勝ち組の恩師なのである。

フルベッキの周囲の多士済々

一八六四（元治元）年、フルベッキは、長崎奉行の依頼で「長崎洋学所」を年俸一二〇〇ドルで経営する。英語、算術、数学と科学技術概論を、月曜から金曜まで午前九時から一一時まで教え、その名をフルベッキは「長崎洋学校」と改称した。

一八六五（慶応元）年になると校舎を新築して「長崎洋学校」を「済美館《せいびかん》」と改名し、一〇〇名以上の学生を収容したが、フルベッキは上級クラスのみを担当、初級は佐賀藩士の大隈重信と副島種臣などに任せた。

この頃、フルベッキと親交があったのは熊本藩士・荘村省三《しょうむらしょうぞう》である。荘村は横井小楠《よこいしょうなん》門下で、砲器火薬研究の熊本藩長崎公務掛だった。荘村の交友関係は、坂本龍馬、桂小五郎（木戸孝允）、大隈重信、副島種臣と幅広く、長崎で薩摩・長州・肥後・出雲《いずも》（松江）四藩連合を画策した。肥前の大隈重信も砲術方の家筋《いえすじ》なので、長崎は西国大藩の武器調達地と化した。長崎に入港した英国海軍のキューパー提督は長崎に「死の商人」が跋扈すると書簡で怒っている。

「恥ずべき事実ですが、軍艦が居留民保護のために集結しているのに、その居留民は無節操で、自らの利益のために日本人にあらゆる種類の武器や弾薬を供給し、我々の地位を日々困難に陥《おとしい》れています。すでに薩摩藩とこの種の取引を大々的にする長崎の一英国商社は、最近、同藩のために英国へウィットワース砲一〇門を注文した、と報告を受けました」

幕末の長崎の洋学者は、武器関係者が多い。一八六五（慶応元）年からフルベッキは、横井小楠の甥・左平太《さへいた》と太平《だいへい》兄弟の渡米のために英語を教え、翌一八六六（慶応二）年、二人と福井藩の日下部太郎《くさかべたろう》の三人を偽名で渡米させた。横井兄弟は大砲と軍艦製造が目的であり、それぞれアナポリス（海軍兵学校）とウェストポイント（陸軍士官学校）へ進学した。

一八六七（慶応三）年、佐賀藩は長崎に英語学校「致遠館《ちえんかん》」を設立し、フルベッキは長崎奉行の「済美館」と佐賀藩の「致遠館」を一日おきに往復して教えた。佐賀藩の「致遠館」は大隈重信が経営し、副島種臣も教えたが、学生に岩倉具定《ともさだ》と具経《ともつね》の兄弟が名を連ねる。岩倉具視の嫡男二人はフルベッキの生徒でもある。

岩倉具定・具経兄弟は、一八六八（慶応四）年には東山道鎮撫《ちんぶ》総督・副総督となるので、留学は一八七〇（明治三）年まで延びる。大隈重信と岩崎弥太郎《いわさきやたろう》の出会いも長崎と思われるが、フルベッキの周囲は維新の志士と新政府の顕官・貴紳だらけである。それが維新後に混乱を生み出す。

新政府はキリシタン？

一八六九（明治二）年頃から、西国各地で、「太政官（内閣制度成立以前の明治政府の最高官庁）はキリシタン」だとの噂が立った。教科書では文明開化を誤解した噂と一蹴《いっしゅう》されるが、それこそが大誤解で、背景にフルベッキの存在があった。

最初の犠牲者は新政府参与・横井小楠である。横井小楠は肥後藩士の儒学者だが、西洋の文物と制度を理解し、議会制、連邦制を唱えた。そして幕末福井藩主の松平春嶽の知恵袋となり、坂本龍馬や勝海舟、旗本・大久保忠寛（一翁）を敬服させた。

新政府成立後の横井は参与・制度局判事で、岩倉具視の信任を受けた。その横井小楠は、「日本をキリスト教に売り渡す者」「洋風化の中心者、キリスト教を広める者」との噂を立てられ、一八六九（明治二）年一月五日、旧尊攘派により京都の丸太町で暗殺された。享年六一。横井小楠の甥と岩倉具視の子息がフルベッキの弟子であることは、肥後の荘村省三をはじめ、諸藩志士の間で知られていた。

しかもフルベッキは宣教師だから、一八六六（慶応二）年に佐賀藩家老の村田若狭《むらたわかさ》と弟の綾部《あやべ》に洗礼を授けた。各地で西洋式の改革が行われると、「太政官はキリシタン」との噂で一揆まで頻発する。これも洋風化に対する頑迷《がんめい》な民衆の誤解とされるが、根拠のないことではない。

フルベッキは東京に遷都《せんと》した太政官（新政府）で顧問の地位を与えられた。フルベッキの月給は六〇〇〇円で、右大臣・岩倉具視と並ぶ。これは途方もない高額である。開成学校と大学南校で教え、渡米留学生への助力、外国人教師の招聘、一八七〇（明治三）年夏に開催予定の全国諸大名会議の法律改革顧問と、フルベッキは八面六臂《はちめんろっぴ》の大活躍である。

フルベッキの精力的活動と群を抜いた給与の高さが一般に洩れ伝わらないはずがない。新政府の要人のみに知られた「大攘夷」の思想を隠蔽した結果、平田派国学者は、新政府の西洋式制度を目の仇にしたのである。

フルベッキの建言書の中身

一八七一（明治四）年に出発した岩倉使節団の企画者はフルベッキだった。正式には岩倉特命全権使節団であり、条約改定の全権を持つ使節団だが、その名に比べて何の成果も上げられなかった。その理由も「太政官はキリシタン」と噂する旧攘夷派と政府要人との疑心暗鬼にある。

一八六九（明治二）年、フルベッキが政府顧問として東京に招かれた際、「ブリーフ・スケッチ」と呼ばれる建言書《けんげん》を密かに門下生の大隈重信に渡した。詳細に国内外の政府方針を建言したもので、外交には大略、次の項目が書かれている。

「明治政府の代表が海外に行く必要がある」「信教の自由を国内外に宣言すべき」「日米通商条約の第一三条には、締結よりおよそ一七一ヵ月後、一八七二（明治五）年七月四日に条約改正を成しうること」――このような重要な記述があった。

このブリーフ・スケッチをフルベッキから託された大隈重信は、一読してから自分の懐に入れ、岩倉具視や木戸孝允、大久保利通などには見せなかった。理由は定かでないが、ブリーフ・スケッチを大隈が握り潰したのには、以下のような見方がある。

「保守主義者（旧尊攘派）たちから自分がキリスト教に改宗したとみなされ、彼の地位を脅かされることを恐れた」（小林功芳『英学と宣教の諸相』より）

確かに太政官には監部（監視部）があり、密偵を放ってキリスト教を取り締まった。「異宗徒諜者」と呼ばれるキリスト教徒探索の密偵は、大隈重信と親しい荘村省三であり、フルベッキ邸には同じく石丸八郎《いしまるはちろう》が出入りしていた。

大隈は新政府の参与兼外国事務局判事、次いで外国官副知事として英国公使パークスと「キリスト教禁止問題」で激しくやり合ったので、フルベッキのブリーフ・スケッチを表に出せなかった可能性は充分にある。

フルベッキの建言書を大隈が岩倉具視に伝えたのは、一八七一（明治四）年の秋である。

その年の一〇月二六日、フルベッキは岩倉具視邸に呼び出された。

「かつて文書を書いて政府の高官に渡したことはないか？」

そう岩倉具視から尋ねられた。困惑するフルベッキに対し、岩倉は続けた。

「その文書のことを、三日前、大隈から聞いた」

文書とはブリーフ・スケッチのことだと分かった。岩倉は意気込んで伝えた。

「いまこそ実行すべき時が来たと考えている」

この時点で岩倉特命全権使節団の挫折《ざせつ》が決まっていたとは、ご存じない。ブリーフ・スケッチに「明治五年七月四日に日米通商条約の条約改正をできる」と書いてあるのは事実だが、岩倉具視は付帯事項に気付かなかった。あるいは、大隈重信が訳さなかったのだ。

岩倉使節団は「蟷螂の斧」だった

幕府が結んだ条約の改正は新政府の悲願だった。討幕の大義の一つでもある。

日米通商条約の第一三条に改定内容が記してあるのは事実だが、第一三条には以下のような項目もある。

「双方政府のうち一ヵ年前に通達すれば、双方委任の役人により本条約を補い、あるいは改めることを得べし」

具体的には、一八七一（明治四）年の七月四日以前に米国に「条約改定交渉」を通告しなければ、効力は発しなかった。あげく「双方委任の役人」には、日本の場合、天皇からの「国書」（勅書）が必要だった。岩倉が知った一八七一年秋では時期を逸し、しかも特命全権ではなく勅命全権大使が必要だった。

それを知ってか知らずか、フルベッキと岩倉は、数回の打ち合わせを行った。そして一八七一（明治四）年一二月二二日、岩倉は特命全権大使に就任し、横浜を出発した。

この一行は長州の木戸孝允（参議）、伊藤博文（大蔵大輔）、薩摩の大久保利通（大蔵卿）山口尚芳《やまぐちなおよし》外務少輔など、政府要員四六名を従えたが、発議した大隈重信は西郷隆盛の留守政府に残った。大隈は時期を逸したのを知っていたとしか思えない。何をかいわんや、である。

渡米して国書（勅書）の必要性を知った伊藤博文と大久保利通の薩長コンビは、急いで米国から日本に戻り、「国書」を請求した。が、司法卿の江藤新平に「そんなに軽々に出せるものではない」と追い返されて、渋々、空手で米国に戻った。このとき伊藤と大久保の間で「薩長同盟」が結ばれたと思われる。江藤新平は「明治六年の政変」で太政官から追い出され、後の「佐賀の乱」では大久保利通の強硬策のため梟首される。

もともと条約改正交渉など成立するわけがない。幕末維新に外国人を五五人も殺害した勢力の政府であり、刑法をはじめ法律さえ整備されていないので、治外法権と領事裁判権を西洋諸国は担保せざるをえない。

キリスト教への弾圧は新政府のほうが厳しく、「信教の自由なし」では、文明国として交渉に就くテーブルもなかった。

長崎大浦《おおうら》の潜伏切支丹《きりしたん》捕縛の四番崩れ、五番崩れは世界で非難の的となり、結局、米国と欧州一二ヵ国を一年一〇ヵ月も廻り、条約改正は皆無だった。一八七三（明治六）年になって、やっと政府は「切支丹禁令」の高札を廃止したが、遅きに失した。

せめてもの成果は、旧佐賀藩士・久米邦武《くめくにたけ》の『特命全権大使米欧回覧実記』（全一〇〇巻）で、これは現在でも文庫（五巻）で読むことができる。著者の久米邦武は後に「神道は祭天の古俗」と論じて東京帝国大学を追われる。

聡明な観察力で自国を考察すると、官の地位を剝奪されるのが明治国家である。

終　章　西郷隆盛が生んだ医科大学

銃創を受けると死は必定だったが

最初の本格的従軍医師は、英国公使館付医師のウィリアム・ウィリスである。北アイルランド生まれで、スコットランドのエジンバラ大学医学部出身だった。生麦事件では島津三郎久光の行列に突進したほどの熱血漢でもある。

一八六七（慶応三）年の末、兵庫港の英国艦に乗り込んでいたウィリスは、鳥羽・伏見の戦いで負傷者を収容している薩摩軍陣営（京都相国寺《しょうこくじ》）に招かれて、戦傷者の治療に当たった。歴史の皮肉ともいえる。大山弥介《やすけ》（後の大山巌元帥）は右耳翼の貫通銃創、西郷信吾《しんご》（西郷従道）も左頸部から左耳の貫通銃創で、ウィリスの外科的処置を受けた。

薩摩軍には幸運なことで、それまでは被弾すると死ぬのが当たり前だった。鳥羽・伏見の戦いで銃弾を受けた会津兵は、その場で次々と切腹し、苦痛を縮めた。

むろん刀傷の場合は治療法があった。ウィリスの観察では、傷口を酒で洗い、細長い紙を舐めてから傷口に沿って挟む。すると肉が盛り上がって紙が排出される仕組みだった。

それが銃創となると処置なしで、銃弾の鉛が血液に入り、敗血症で死ぬ。被弾した兵は死ぬのが当たり前だったが、ウィリスは銃弾を摘出して治療した。その手術は麻酔《ますい》なしだが、若い兵士は眉《まゆ》一つ歪《ゆが》めないので、ウィリスは驚いた。

「日本人は痛みに鈍感なのだろうか?」

被弾は死が必定と信じる薩摩兵は、有り難さのほうが先立ち、苦痛の表現は医師への侮辱、武士の恥辱と思っていたに違いない。

横浜の勤皇病院と佐幕病院

戊辰戦争になると東征軍総督の依頼で、ウィリスは野戦病院を横浜に設置した。野毛山にあった幕府の学校「修文館《しゅうぶんかん》」の校舎を負傷者収容施設に改良し、「ヨコハマ・ミリタリー・ホスピタル(横浜軍陣病院)」と名付けた。

彰義隊との上野の戦争で負傷者は増大する一方となり、手狭になった野毛山の軍陣病院は、旧幕府の太田陣屋(京急「日ノ出町《ひでちょう》」駅付近)の跡地に移築した。戊辰戦争の拡大とともに、負傷者は東北地方から船で横浜に運ばれ、太田の「軍陣病院」に収容された。英国公使館付医師J・B・シッドールやドングロイ・ジェンキンスも動員された。生麦事件を英国公使館に伝えた医師である。

治療成果は「頗《すこぶ》る顕著」と報告されているが、「薬石効なく」も多く、薩摩藩は二三名、長州藩六名、土佐六名、因州六名、その他一二名が横浜の久保山《くぼやま》墓地に葬られた。

太田の軍陣病院の規模は大きく、頭取、次席医、御雇医、御雇手伝、各藩医、見習医の昼夜六〇人体制で、最前線から送られてくる負傷者を治療した。

開院当初は薩・長両藩負傷者八人に一人の割合で介抱女が雇われた。五〇歳以上の女性で、投薬、起居飲食、着替えの手伝い……昼夜連続の過酷な勤務なので、給金は二日で一両と高額を支給した。介抱女は「介護労働者」であり、介護に対する賃金は、戊辰戦争の頃のほうが正しい評価だった。

一一名の介抱女が雇われたので、八八名以上の薩・長の負傷兵が入院したことになる。戊辰戦争で、薩長は、かなりの負傷者を出したのである。

同じ横浜の居留地にはフランス海軍病院があった（現・ホテル・ニューグランド付近）。こちらは鳥羽・伏見の戦い以来、幕府軍の負傷者が、榎本武揚《えのもとたけあき》の艦隊によって運び込まれた。

旗本・会津・新選組の重傷者五〇名が入院。フランス海軍病院も手狭となり、太田伝習所の校舎に負傷者を運び込んだ。

もとは対外防衛の幕府陸軍伝習所の広大な敷地に、内乱で、官軍と旧幕両軍の病院が敵味方同士で点在したことになる。

西洋医学の精神を旧幕医師が学ぶ

ウィリスは戊辰戦争の従軍医となり、越後高田・会津白河まで一〇〇〇名以上の負傷兵を治療した。これは日本初の従軍医師である。

従軍医のウィリスが憤慨したのは、総督府の治療方針だった。味方は治療しても、敵は捨ておくか殺すのが総督府の姿勢だった。

この考えを改めようと、ウィリスは「負傷者に敵味方なし」を主張したが、現実には敵の負傷者の治療は許されなかった。

幕府奥医師の高松凌雲《たかまつりょううん》は西洋医学を学んだが、箱館戦争の最中、五稜郭で敵味方区別なく治療し、その数二〇〇〇名に上る。西洋医学の精神まで体得したのは旧幕医師なのである。

横浜軍陣病院は会津落城の頃になると江戸下谷《したや》の津《つ》藩邸（台東区台東三丁目）に移動して、旧幕府の医学所を呑み込む大病院となり、後に東京大学医学部に変わる。

新政府は幕府医学所と「お玉ヶ池種痘所」を統合して東京大学東校とした。この東京大学はフルベッキの提案でドイツ流医学を採用する。

憤慨した英国医師のウィリスは、激論の果て東京大学医学部を辞職し、横浜に戻る。それが傑出した医師を育てる遠因ともなる。

西郷隆盛が生んだ慈恵会医科大学

「明治六年の政変」で帰郷する西郷隆盛は、鹿児島医学校の創設をウィリス医師に託した。その第一期卒業生に高木兼寛《たかきかねひろ》がいて、西南戦争の頃は海軍軍医として英国の大学病院に留学していた。

ウィリスは一八七七(明治一〇)年の西南戦争で西郷軍に従軍しようと考えたが、長崎の英国領事館の命令で東京に戻った。

ウィリスの元患者は政府高官に数多くいたが、雇用斡旋する者はなく、落胆してウィリスは帰国した。明治政府はドイツ医学以外、医学と認めないからである。英米蘭医学を学んだ者は、ドイツ流医学の国家試験を強いられた。

英国の大学病院で優れた成績を修めて帰国した高木兼寛は、一八八〇(明治一三)年、海軍病院長となる。

が、ドイツ医学偏重の医学界を見て、首を捻った。

「確かにドイツ医学は基礎医学に優れ、細菌学でも素晴らしい業績を挙げているが、一国のみの医学に傾倒するのも好ましくない。いま日本の土壌に健全な形の欧州医学の萌芽を生育させるため、英米医学の軽視は絶対許せぬ」

いかにも薩摩人らしい「絶対許せぬ」の決意で「政府医学に訊問の廉あり」である。

ドイツ医学は研究ばかりを重視し、ややもすれば患者を研究対象とした。一方、英米流の医学は宣教師のヘボン博士や熱血医ウィリスが伝えたので、医師は患者の治療に集中した。その精神が尊大で権威主義的なドイツ医学にはない。

「日本全体に広がっている病人の困窮と医師の堕落を正す」――高木兼寛は一八八一（明治一四）年、新しい医学の風を起こす学術団体「成医会」を結成した。「成医会」の幹事の名と略歴を瞥見すると感嘆する。以下が幹事の面々だ。

松山棟庵《まつやまとうあん》（紀州生まれ。慶応義塾から幕府「西洋医学所」出身）

隈川宗悦《くまかわそうえつ》（浅田飴の浅田《あさだ》宗伯《そうはく》から漢方を学び、幕府「西洋医学所」出身、旧幕府海軍養生所初代所長）

新宮涼園《しんぐうりょうえん》（紀州藩医で岩佐《いわさ》純《じゅん》、西周《にしあまね》に蘭学を、横浜でシモンズ博士に医学を学び、横浜十全病院勤務）

田代基徳《たしろもとのり》（栃木県足利《あしかが》市の名主。緒方洪庵《おがたこうあん》塾、幕府「西洋医学所」で医学を学び、陸軍軍医学校長となり「医事新聞」を創刊）

一目瞭然、旧幕府「医学所」の出身者がズラリと並ぶ。旧幕「医学所」出身者の特徴は「医は仁術なり」で、患者と寄り添う臨床医学を重んじた。

同年三月に「成医会」は、英米医学の教科書による「教育機関の創設」を決定し、「成医会講習所」を設立、当初は海軍病院に同居したが、やがて東京慈恵会《じけいかい》病院となり、紆余曲《うよきょく》折《せつ》を経て、今日の東京慈恵会医科大学に実る。

慈恵会医科大学は、尊大な東大ドイツ医学への対抗から設立された。東大医学部が日本の医学の頂点にあるわけではない。私立医科大学は、ドイツ流東大医学に対抗した英米流医学から始まった。

日本医科大学も、北越戦争で長岡城攻防戦を経験した長谷川泰《はせがわたい》に始まる。順天堂大学は、長崎のオランダ海軍伝習所のオランダ医学から始まる。東大学医学部偏重《へんちょう》は、明治維新史観が生んだものである。

その歪曲《わいきょく》を知らないと、尊大《そんだい》な医学教育機関の序列が跋扈し、患者の治療よりも研究を優先し、「病気は治ったが、患者は死んだ」の実験優先となる。

昨今、高木兼寛やシモンズ医師、あるいはヘボン博士の魂魄《こんぱく》が落胆するような医科大学と医学生の事件が、新聞やテレビで報じられる。建学当初の苦難が忘れられたもので、歴史は思わぬモラルの頽廃をもたらす。

思えば西郷隆盛が英国医師ウィリスに託した医学の夢は、結果的に現在の慈恵会医科大学に受け継がれ、花開いたのである。

あとがき——明治の長州閥を彷彿とさせる「モリカケ問題」

この小著を記しているあいだ、あたかも明治前期の「藩閥政治」の再現のような出来事で世間は揺れている——。

首相とその配偶者を後ろ楯《だて》にした小学校の設立、権力を笠に着た大学の学部新設、そのための記録の抹消や隠蔽《いんぺい》、都合の悪い人物の海外赴任……いずれも税金を湯水のごとく横流しする手口で、協力した財務省理財局長が国税庁長官となる。税金泥棒が税金徴収の責任者では、納税の甲斐もない。明治の長州閥、井上馨《いのうえかおる》や山県有朋《やまがたありとも》を彷彿《ほうふつ》とさせた。

その渦中で、関係者の一人である女性の防衛大臣が「尊敬する人物は？」と尋ねられて「西郷隆盛」と胸を張って答えたことにも呆然《ぼうぜん》とした。西郷は「理非曲直を糺《ただ》す」人で、汚れた水は呑まないのである。

さらに国会での参考人質疑に登場した人物にも呆《あき》れた。渦中の元県知事殿は老体でマイクの前に立ち、「一七年もの長きにわたる本県の悲願でした」と声を絞ってみせた。この元県知事殿は、神奈川県横浜市の教育長の頃、日本の中世史を塗り替える画期的な遺跡が横浜市金沢区で発掘されて、中世史学会をはじめ歴史学会が結束して保存を訴えた。が、その当時横浜市には「文化財保護条例」がなかった。「そんな古いもの残して何の役に立つ」と言い放ち、マンション建設を強行した。

このような人物が学部新設の参考人（証人）とは噴飯《ふんぱん》もので、日本の歴史的遺跡を葬り去った人物が、「美しい日本」「歴史と伝統」のお仲間とは、お笑い種《ぐさ》としか思えない。状況証拠が積み重ねられると政府は一方的に審議を拒否し、「解散」に踏み切り、「国難突破選挙」を訴え、与党は大勝した。あたかも「明治六年の政変」である。となれば次に待っているのは、政府の欲望の強硬な実現である。

――以上が期せずして本書を執筆中に起きたことだが、あらためて「明治」とは何かを、いま問い直さなければならない。

映画や小説で描かれる「幕末」「明治」の流れは、図式のように「近世」と「近代」とに分かれて、それを担《かつ》ぐのが維新の志士や元勲たちだが、詳細はボヤけ、ほとんど見えない。それは歴史家の怠慢ではなく、明治政府が歴史を曖昧《あいまい》な「印象派」風の筆で塗りたくり、美化したからだった。一例を挙げれば吉田松陰《よしだしょういん》の「松下村塾《しょうかそんじゅく》」がある。

「松下村塾」は知らぬ人もいない光り輝く存在だが、松陰の持論に『日本書紀』と変わらぬアジア侵略説があった。門下生を自負する明治政府顕官たちの朝鮮侵略に費やした執念は本書で語ったが、松陰の一族は、弟子たちの栄達ぶりに比べ、明治政府で厚遇されたとは思えない。

「松下村塾」で松陰の高弟だった前原一誠《まえはらいっせい》は、一八六七（明治九）年、萩で蜂起（萩の乱）して、天皇に直訴《じきそ》すべく船で島根県に上陸したが、そこで待っていた佐藤某《さとうなにがし》なる長州人の島根県知事に説得されて、結果は斬首となった。この佐藤家は後に岸《きし》家に養子を出すほど栄える。松陰のため「松下村塾」を主宰し、維新後に再興した叔父の玉木文之進《たまきぶんのしん》は、一族が「萩の乱」に参加した責任をとり自刃《じじん》した。神奈川県横須賀市の市史には、旧制横須賀中学の校長は吉田松陰の甥とある。

「松下村塾」は世界遺産で眩《まぶ》しいほど輝くが、その塾生の思想の犠牲となったアジア諸国にも被害を顕彰《けんしょう》する権利を認めざるを得ない。歴史は神話ではないからである。

東京帝国大学医学部のエルウィン・フォン・ベルツ教授は、一八七六（明治九）年に書いている。

「現代の日本人は自分自身の過去については何も知りたくないのです。それどころか、教養ある人たちはそれを恥じています」（トク・ベルツ『ベルツの日記』上）

日本文化の伝統は、明治政府によりリセットされたものである。神社の御神体から全国の年中行事まで「旧幕時代の悪習」と廃された。日本の精神文化と呼ばれるものの多くは、たかだか一五〇年前に明治政府が設定したものばかりである。結果、戦争の連続で国家は破綻し、ドイツと同じく新憲法を受け入れざるを得なくなった。

――戦後生まれの保守主義者として、この事実だけは述べておきたい。明治国家の誤解を解かなければ、内戦と戦争ばかりの時代に再び突入しかねないからである。

最尾になりましたが、本書は多くの先行の地味な研究を利用しています。それら研究者の方々のたゆまぬ努力に敬意を表してやみません。歴史の細部は現実の複雑さと盲点を教えてくれて、初めて将来への基礎となります。改めて心より御礼申し上げます。

また、出版の機会を与えてくださった講談社の間渕隆氏に御礼を申し上げます。

そして誰よりも感謝を申し上げたいのは、小著を手にしてくださった読者の方々です。書物は著者と読者の共同作業であり、ご一読をいただき想像力が刺激されたと感じていただければ、筆者としては望外の喜びです。

二〇一七年一二月

古川《ふるかわ》愛哲《あいてつ》

古川愛哲

1949年、神奈川県に生まれる。歴史資料収集家。日本大学芸術学部映画学科で映画理論を専攻したあと放送作家として活躍。同時に、東西の歴史や民俗学をはじめ「人間とは何か」を追究。また、世界の映画大学ともいえる「国際学生映画祭」の創設に加わり、新しい視点から芸術をバックアップする。

著書にはベストセラーになった『江戸の歴史は大正時代にねじ曲げられた』『九代将軍は女だった！』『江戸の歴史は隠れキリシタンによって作られた』『坂本龍馬を英雄にした男 大久保一翁』『悪代官は実はヒーローだった江戸の歴史』『原爆投下は予告されていた』(以上、講談社)などがある。

講談社＋α新書《プラスアルファ》 381-6 C

西郷隆盛《さいごうたかもり》の冤罪《えんざい》　明治維新《めいじいしん》の大誤解《だいごかい》

古川愛哲《ふるかわあいてつ**》 ©Aitetsu Furukawa 2017

2017年12月20日第1刷発行

発行者——鈴木 哲
発行所——株式会社 講談社
東京都文京区音羽2-12-21 〒112-8001
電話 編集(03)5395-3522
販売(03)5395-4415
業務(03)5395-3615
カバー写真——乾 晋也
デザイン——鈴木成一デザイン室
カバー印刷——共同印刷株式会社
印刷——慶昌堂印刷株式会社
製本——株式会社国宝社

定価はカバーに表示してあります。

落丁本・乱丁本は購入書店名を明記のうえ、小社業務あてにお送りください。

送料は小社負担にてお取り替えします。

なお、この本の内容についてのお問い合わせは第一事業局企画部「＋α新書」あてにお願いいたします。

本書のコピー、スキャン、デジタル化等の無断複製は著作権法上での例外を除き禁じられています。本書を代行業者等の第三者に依頼してスキャンやデジタル化することは、たとえ個人や家庭内の利用でも著作権法違反です。

Printed in Japan
ISBN978-4-06-291512-0

講談社＋α新書

世界一の会議　ダボス会議の秘密
齋藤ウィリアム浩幸
なぜダボス会議は世界中から注目されるのか？ダボスから見えてくる世界の潮流と緊急課題
840円 752-1 C

欧州危機と反グローバリズム　破綻と分断の現場を歩く
星野眞三雄
英国EU離脱とトランプ現象に共通するものは何か？　EU26ヵ国を取材した記者の緊急報告
860円 753-1 C

儒教に支配された中国人と韓国人の悲劇
ケント・ギルバート
「私はアメリカ人だから断言できる!!　日本人と中国・韓国人は全くの別物だ」——警告の書
840円 754-1 C

日本人だけが知らない砂漠のグローバル大国UAE
加茂佳彦
なぜ世界のビジネスマン、投資家、技術者はUAEに向かうのか？　答えはオイルマネー以外にあった！
840円 756-1 C

金正恩の核が北朝鮮を滅ぼす日
牧野愛博
格段に上がった脅威レベル、荒廃する社会。危険過ぎる隣人を裸にする、ソウル支局長の報告
860円 757-1 C

おどろきの金沢
秋元雄史
伝統対現代のバトル、金沢旦那衆の遊びっぷり。よそ者が10年住んでわかった、本当の魅力
860円 758-1 C

「ミヤネ屋」の秘密　大阪発の報道番組が全国人気になった理由
春川正明
なぜ、関西ローカルの報道番組が全国区人気になったのか。その躍進の秘訣を明らかにする
840円 759-1 C

一生モノの英語力を身につけるたったひとつの学習法
澤井康佑
「英語の達人」たちもこの道を通ってきた。読解から作文、会話まで。鉄板の学習法を紹介
840円 760-1 C

茨城 vs. 群馬　北関東死闘編
全国都道府県調査隊 編
都道府県魅力度調査で毎年、熾烈な最下位争いを繰りひろげてきた両者がついに激突する！
780円 761-1 C

ポピュリズムと欧州動乱　フランスはEU崩壊の引き金を引くのか
国末憲人
ポピュリズムの行方とは。反EUとロシアとの連携。ルペンの台頭が示すフランスと欧州の変質
860円 763-1 C

脂肪と疲労をためるジェットコースター血糖の恐怖　人生が変わる一週間断糖プログラム
麻生れいみ
ねむけ、だるさ、肥満は「血糖値乱高下」が諸悪の根源！　寿命も延びる血糖値ゆるやか食事法
840円 764-1 B

表示価格はすべて本体価格（税別）です。本体価格は変更することがあります

講談社＋α新書

超高齢社会だから急成長する日本経済 2030年にGDP700兆円のニッポン
鈴木将之
旅行、グルメ、住宅…新高齢者は1000兆円の金融資産を遣って逝く→高齢社会だから成長
840円 765-1 C

歯は治療してはいけない！ **あなたの人生を変える歯の新常識**
田北行宏
歯が健康なら生涯で3000万円以上得!? 認知症や糖尿病も改善する実践的予防法を伝授！
840円 766-1 B

50歳からは「筋トレ」してはいけない 何歳でも動けるからだをつくる「骨呼吸エクササイズ」
勇﨑賀雄
人のからだの基本は筋肉ではなく骨。日常的に骨を鍛え若々しいからだを保つエクササイズ
880円 767-1 B

定年前にはじめる生前整理 人生後半が変わる4ステップ
古堅純子
「老後でいい！」と思ったら大間違い！ 今やると身も心もラクになる正しい生前整理の手順
800円 768-1 C

日本人が忘れた日本人の本質
山折哲雄
髙山文彦
「天皇退位問題」から「シン・ゴジラ」まで、宗教学者と作家が語る新しい「日本人原論」
860円 769-1 C

ふりがな付 **山中伸弥先生に、人生とiPS細胞について聞いてみた**
山中伸弥
聞き手・緑慎也
テレビで紹介され大反響！ やさしい語り口で親子で読める、ノーベル賞受賞後初にして唯一の自伝
800円 770-1 B

結局、勝ち続けるアメリカ経済 一人負けする中国経済
武者陵司
2020年に日経平均4万円突破もある順風!! トランプ政権の中国封じ込めで変わる世界経済
840円 771-1 C

仕事消滅 AIの時代を生き抜くために、いま私たちにできること
鈴木貴博
人工知能で人間の大半は失業する。肉体労働でなく頭脳労働の職場で。それはどんな未来か？
840円 772-1 C

病気を遠ざける！1日1回日光浴 日本人は知らないビタミンDの実力
斎藤糧三
紫外線はすごい！ アレルギーも癌も逃げ出す！ 驚きの免疫調整作用が最新研究で解明された
800円 773-1 B

ふしぎな総合商社
小林敬幸
名前はみんな知っていても、実際に何をしている会社か誰も知らない総合商社のホントの姿
840円 774-1 C

日本の正しい未来 世界一豊かになる条件
村上尚己
デフレは人の価値まで下落させる。成長不要論が日本をダメにする。経済の基本認識が激変！
800円 775-1 C

表示価格はすべて本体価格（税別）です。本体価格は変更することがあります

講談社＋α新書

夫婦って何？「おふたり様」の老後　三田誠広
居間で一日中ゴロゴロして食事を待つ夫は妻を絶望に追いやる。あと20年幸福に暮らす知恵！
800円 373-1 A

一冊でわかる！「仏教」って何？　三田誠広
お経ってこんなに面白い文学だったのか！ 芥川賞作家がわかりやすく説く大乗仏典の世界！
838円 373-2 A

腸内リセット健康法　松生恒夫
大腸ガン、便秘、メタボリック、アレルギーに克《か》つ！ 1週間でできる「健康な腸」づくり!!
800円 379-1 B

新オリーブオイル健康法　松生恒夫
心臓病、がんを予防し、ダイエット効果も期待できる不思議な油の秘密を最新科学が徹底分析
838円 379-2 B

「地中海式和食」のすすめ　松生恒夫
「和食であれば、すべて善し」は大間違い。予防医学に基づいた〝おいしい〟食事で病気を防ぐ！
838円 379-4 B

腸寿《ちょうじゅ》　長寿な腸になる77の習慣　松生恒夫
4万人の腸を見てきた「腸医」の第一人者が、カンタンにできる元気で長生き腸習慣を厳選
840円 379-5 B

地方を食いつぶす「税金フリーライダー」の正体　タカリと粉飾の日本病　村山祥栄
人口減少で弱体化した地方は、タダ乗り公務員達によって崩壊する。知られざるタブーを晒す
880円 380-2 C

江戸の歴史は大正時代にねじ曲げられた　サムライと庶民365日の真実　古川愛哲
時代劇で見る江戸の町と暮らしは嘘ばっかり!! 武士も町人も不倫三昧、斬捨御免も金で解決！
800円 381-1 C

悪代官は実はヒーローだった江戸の歴史　古川愛哲
「水戸黄門」が描く江戸時代は史実と正反対!? 婚活支援も代官の仕事で幕府に抗議の切腹も！
838円 381-5 C

西郷隆盛の冤罪　明治維新の大誤解　古川愛哲
明治政府は史実を抹消して、西郷に全ての罪を着せた——膨大な資料から歴史捏造の全記録を
840円 381-6 C

韓国人を愛せますか？　朴《パク》倧玄《チョンヒョン》
「近くて遠い」韓国と日本の距離は縮まったのか？ 韓流「友情・愛情・セックス観」を知ろう
800円 382-1 C

表示価格はすべて本体価格（税別）です。本体価格は変更することがあります